LA PSICOLOGÍA DE LO ESOTÉRICO

Reflexiones sobre la energía y la conciencia

La psicología de lo esotérico

Colección: Osho Classics

Título original:
The Psychology of the Esoteric

© 1980. Osho International Foundation www.osho.com/copyrights

© De la traducción, Osho International Foundation

© 2026. De esta edición, **Ordinal LLC**

El material de este libro es una transcripción de una serie de conferencias llamadas *The Psychology of the Esoteric* que dio Osho en público. Todos los textos de Osho han sido publicados íntegramente en inglés y también están disponibles las graba- ciones originales en audio. Ambas se pueden encontrar on-line en la biblioteca de la www.osho.com.

D.R. © 2026, derechos de edición en español | **Ordinal LLC**

Ordinal LLC – USA
www.ordinalbooks.com

Diseño de portada: Manuel Hernández
Diseño de interiores: Janduy Barreto
Cuidado de la edición: Yeana González
Daniella Gama | Karla Hernández

D.R. © **Ordinal LLC**

ISBN: 978-1-972050-06-4

OSHO CLASSICS 4

LA PSICOLOGÍA DE LO ESOTÉRICO

Reflexiones sobre la energía y la conciencia

CONTENIDO

Prefacio

Si te plantean el trabajo esotérico sin que tengas una base, no harás el trabajo preparatorio espontáneamente porque no resulta interesante. El trabajo esotérico es realmente interesante, pero no quiero que levantes un templo sin una base. Esto ha ocurrido muchas veces al levantar un templo, que luego se derrumba y mata a aquellos que lo estaban levantando.

La palabra esotérico quiere decir que no se puede objetivar, no se puede explicar científicamente. Se trata de algo interno, subjetivo, tan misterioso y milagroso que sólo se puede experimentar, pero no se puede explicar. Lo puedes tener, pero, aun así, no lo puedes explicar. Está más allá de cualquier explicación. Y está bien que haya cosas en la vida que no se puedan reducir al lenguaje, que no se puedan trasladar al mundo objetivo; es algo que siempre está más allá. Puedes ser uno con ello.

Yo he sido espontáneo en mi trabajo, pero el misterio de la vida es que la existencia siempre se ha ocupado de todo. Se lo he dejado a la existencia, «Todo lo que quieras que haga, lo haré». Yo no soy el hacedor, sólo soy un pasaje para que la existencia llegue a la gente. Por eso nunca he planeado, pero la existencia funciona de una manera muy ordenada. Las diferentes fases eran necesarias y ahora estamos preparados para entrar en la última fase: el éxtasis supremo.

El éxtasis no puede ser pragmático. El amor no puede ser pragmático.

La confianza no puede ser pragmática. Todo lo que es valioso es esotérico.

Osho, Más allá de la psicología

Capítulo 1

La revolución interna

En el proceso de evolución del ser humano, ¿es posible que la humanidad como un todo logre la iluminación en algún momento futuro? ¿En qué punto de la evolución se encuentra el ser humano en este momento?

Con el ser humano finaliza el proceso de evolución natural, automático. El ser humano es el último producto de la evolución inconsciente. Con el ser humano se inicia la evolución consciente. Debemos tomar en cuenta muchas cosas.

Primero, la evolución inconsciente es mecánica y natural. Ocurre por sí sola. A través de este tipo de evolución, la conciencia se desarrolla. Pero en el momento en que la conciencia comienza a manifestarse, la evolución inconsciente se detiene porque ha alcanzado su objetivo. La evolución inconsciente es necesaria sólo hasta el momento en que lo consciente nace. El ser humano ha llegado a ser consciente. En cierto modo, ha trascendido a la naturaleza. Ahora la naturaleza nada puede hacer: la evolución natural ha entrado en su producto final. Ahora el ser humano tiene la libertad de decidir si evoluciona o si no evoluciona.

En segundo lugar, la evolución inconsciente es colectiva; pero en el momento en que la evolución llega a ser consciente, se transforma en algo individual. Ninguna evolución colectiva, automática, avanza más allá del género humano. De aquí en adelante la evolución se transforma en un proceso individual. La conciencia crea la individualidad. Antes de que la conciencia evolucionara, no había individualidad. Sólo la especie existía, no la individualidad.

Cuando la evolución es aún inconsciente, el proceso es automático; en ella no hay incertidumbre. Las cosas ocurren según la ley de causa y efecto. La existencia es mecánica y fija. Pero con el ser humano, con la conciencia, aparece la incertidumbre. Ahora nada es seguro. La evolución puede ocurrir o puede no ocurrir. El potencial está ahí, pero la elección será algo totalmente individual. Éste es el motivo por el cual la ansiedad es un fenómeno humano. En los peldaños inferiores de la evolución no existe la ansiedad porque no hay elección. Todo ocurre como debe ocurrir. No hay elección, así es que no hay quien elija, y, en ausencia de alguien que elija, la ansiedad no es posible. ¿Quién va a sufrir ansiedad? ¿Quién va a estar tenso?

La ansiedad surge junto con la posibilidad de elección, como una sombra. Ahora todo debe elegirse; todo representa un esfuerzo consciente. Sólo tú eres responsable. Si fracasas, fracasas. Es tu responsabilidad. Si tienes éxito, tienes éxito. Nuevamente, es tu responsabilidad. Y toda elección es, en cierto sentido, definitiva. No puedes deshacerla, no puedes olvidarla, no puedes volverte atrás. Tu elección se transforma en tu destino. Permanecerá contigo y será parte de ti; no puedes negarla. Pero tu elección es siempre una jugada. Toda elección se realiza en la oscuridad, porque nada es seguro. Por eso el ser humano sufre de ansiedad. Es intrínsecamente ansioso. Para empezar, lo que lo atormenta es: ¿ser o no ser?, ¿hacer o no hacer?, ¿hacer esto o aquello? «No elegir» es imposible. Si no eliges, estás eligiendo no elegir: es una elección.

Así, estás obligado a elegir; no eres libre de no elegir. El no elegir tendrá tanto efecto como cualquier otra elección.

La dignidad, la belleza y la gloria del ser humano es esta conciencia. Pero es también una carga. La gloria y el peso vienen, simultáneamente, en el momento en que llegas a ser consciente. Cada paso representa un movimiento entre los dos. Junto con el ser humano surgen la elección y la individualidad consciente. Puedes evolucionar, pero tu evolución será un esfuerzo individual. Puedes evolucionar hasta llegar a ser un Buda o puedes no hacerlo. La elección es tuya.

Así, hay dos tipos de evolución: la evolución colectiva y la evolución consciente, individual. «Evolución» implica progreso inconsciente colectivo, razón por la cual prefiero utilizar la palabra «revolución» al referirme al ser humano. Con el ser humano, la revolución resulta posible.

La revolución, en el sentido en que aquí utilizo la palabra, significa un esfuerzo consciente, individual, hacia la evolución. Significa llevar la responsabilidad individual a la cúspide. Sólo tú eres responsable de tu propia evolución. Generalmente, el ser humano intenta rehuir su responsabilidad por su propia evolución, rehuir la responsabilidad de la libertad de elección. Existe mucho miedo frente a la libertad. Cuando eres un esclavo, la responsabilidad por tu vida nunca es tuya; es otro el responsable. Así que, en cierto modo, la esclavitud es algo muy cómodo. No tienes una carga encima. Visto de esta forma, la esclavitud es una libertad: te liberas de la responsabilidad de tener que elegir conscientemente.

Cuando llegas a ser completamente libre, debes hacer tus propias elecciones. Nadie te fuerza a hacer nada; todas las alternativas están abiertas para ti. Es ahí donde comienza la lucha contra la mente. Así, entonces, comenzamos a temerle a la libertad.

Parte del atractivo que tienen las ideologías como el comunismo y el fascismo reside en que representan una puerta de escape de la libertad individual, representan la posibilidad de desentenderse de la responsabilidad individual. El individuo queda liberado de la carga de la responsabilidad: la sociedad es la responsable. Cuando algo falla, siempre puedes apuntar con el dedo al Estado, a la organización. El ser humano se convierte en sólo una parte de la estructura colectiva. Pero al eliminar la libertad individual, el fascismo y el comunismo también niegan la posibilidad de la evolución humana. Es un repliegue frente a la gran posibilidad que la revolución ofrece: la transformación total de los seres humanos. Cuando te repliegas, destruyes la posibilidad de llegar a la cima. Retrocedes, regresas nuevamente al estado animal.

Para mí, un avance evolutivo sólo es posible a través de la responsabilidad individual. ¡Sólo tú eres responsable! Esta responsabilidad es una gran bendición disfrazada. Con esta responsabilidad individual surge la lucha que finalmente nos lleva al estado de consciencia en donde la elección no es necesaria.

El viejo patrón de evolución inconsciente ha terminado para nosotros. Puedes volver hacia él, pero no podrás permanecer allí. Tu ser se rebelará. El ser humano ha llegado a ser consciente; debe permanecer consciente. No hay otro camino.

Los filósofos como Aurobindo ejercen gran atracción sobre los escapistas. Afirman que la evolución colectiva es posible. La divinidad bajará desde lo alto y todos se iluminarán. Pero para mí, eso no es posible. Y, aun si fuera posible, no resulta valioso. Si llegas a iluminarte sin tu propio esfuerzo individual, no serás digno de esa iluminación. No tendrás el éxtasis que corona al esfuerzo. Sólo será algo que des por sentado: como tus ojos, tus manos, tu sistema respiratorio. Éstas son grandes bendiciones, pero nadie las valora realmente, nadie las aprecia.

Un día puedes nacer ya iluminado, tal como lo promete Aurobindo. Eso no tendrá valor. Tendrás algo grandioso, pero puesto que lo has logrado sin esfuerzo, sin sudar, no tendrá sentido para ti; su sentido, su significado, se habrá perdido. El esfuerzo consciente es necesario. El logro no es tan significativo como el esfuerzo en sí. El esfuerzo le entrega su significado; la lucha le da su significado.

Tal como yo lo veo, la iluminación que llegue en forma colectiva, inconsciente, como un regalo de la divinidad, no sólo es imposible, sino también carente de significación. Debes luchar por la iluminación. A través de tu lucha creas la capacidad de ver, sentir y permanecer con el éxtasis que obtienes.

La evolución inconsciente finaliza al aparecer el ser humano, y la evolución consciente (revolución) se inicia. Pero la evolución consciente no se produce necesariamente en cada individuo particular. Comienza sólo si eliges que comience. Pero si eliges que no comience —como hace la mayoría de las personas— te encontrarás lleno de tensión. Y la humanidad actual es así: no tiene a dónde ir, no tiene nada por lo que luchar. Nada puede obtenerse ahora sin un esfuerzo consciente. No puedes regresar a un estado de inconsciencia. La puerta se ha cerrado; el puente ha sido cortado.

La elección consciente de evolucionar constituye una gran aventura, la única aventura que hay para el ser humano. El camino es arduo; está destinado a serlo. Los errores y los fracasos se producirán necesariamente, porque nada es seguro. Esta situación crea tensión en la mente. No sabes dónde estás, no sabes adónde vas. Has perdido tu identidad. La situación puede incluso llegar al punto en que te transformes en un suicida.

El suicidio es un fenómeno humano; surge junto con la posibilidad humana de elección. Los animales no pueden suicidarse, porque les resulta imposible elegir la muerte en forma consciente. El nacimiento es inconsciente, la muerte es inconsciente. Pero con el ser humano —el ser humano ignorante, el ser humano que no ha evolucionado— hay algo que llega a ser posible: la capacidad de escoger la muerte. Tu nacimiento no es algo que hayas elegido. Al menos en cuanto a tu nacimiento, te encuentras en manos de la evolución inconsciente. En realidad, tu nacimiento no es en absoluto un suceso humano. Es animal en su naturaleza, porque no lo has elegido. Sólo con la elección comienza lo humano. Pero puedes elegir tu muerte: un acto terminante. Así, el suicidio resulta ser un acto claramente humano. Y si no eliges la evolución consciente, hay grandes posibilidades de que elijas el suicidio. Es posible que no tengas el valor de suicidarte directamente, pero atravesarás un proceso suicida lento y prolongado: te irás consumiendo, anhelando la llegada de la muerte.

A nadie puedes hacer responsable de tu propia evolución. El aceptar esta situación te hace fuerte. Has emprendido el camino del crecimiento, de la evolución. Creamos dioses, o bien nos refugiamos con algún gurú, para no tener que responsabilizamos de nuestras propias vidas, de nuestra propia evolución. Intentamos alejar la responsabilidad de nosotros mismos, estableciéndola en alguna otra parte. Si no somos capaces de aceptar a algún dios o a algún gurú, intentamos rehuir la responsabilidad por medio de los tóxicos o las drogas, por medio de cualquier cosa que nos suma en la inconsciencia. Pero estos esfuerzos por negar la responsabilidad son absurdos, inmaduros, infantiles. Sólo postergan el problema: no son una solución. Puedes postergarlo hasta que sobrevenga la muerte, pero el problema aún permanece, y al nacer de nuevo te enfrentarás a la misma situación.

Una vez que te das cuenta de que la responsabilidad es enteramente tuya, no hay escape alguno a través de ningún tipo de inconsciencia. Y eres un loco si intentas escapar, porque la responsabilidad es una gran oportunidad de evolucionar. A partir de la lucha que se crea, algo nuevo puede desarrollarse. Tomar conciencia significa saber que todo depende de ti. Incluso tu dios depende de ti, porque es creado por tu imaginación. Todo es, en último término, parte de ti, y tú eres responsable por ese todo. No hay nadie que escuche tus excusas y disculpas; no hay cortes de apelaciones. Toda la responsabilidad es tuya. Y estás solo, totalmente solo. Esto debe ser comprendido con tal claridad. En el momento en que una persona llega a ser consciente, comienza a estar sola. Cuanto más elevado sea el nivel de conciencia, más obvio es que estás solo. Por lo tanto, no huyas de este hecho valiéndote de la sociedad, de los amigos, de las agrupaciones, de las multitudes. ¡No escapes de él! Es un fenómeno grandioso: todo el proceso evolutivo ha trabajado hacia esto.

La conciencia ha llegado ahora al punto en que sabes que estás solo. Y únicamente podrás iluminarte si estás solo. No estoy hablando del aislamiento. La sensación de aislamiento es la que aparece cuando uno huye de la soledad, cuando uno no está listo para aceptarla. Si no aceptas la realidad de la soledad, te sentirás aislado. Entonces encontrarás alguna muchedumbre o algún medio de intoxicarte, para poder olvidarte de ti mismo. El aislamiento creará su propia magia de olvido. Si puedes estar solo, aun por un instante, totalmente solo, el ego morirá; el «yo» morirá. Explotarás; ya no serás. El ego no puede permanecer solo. Únicamente puede existir en relación con otros. Cada vez que estás solo, ocurre un milagro. El ego se debilita. Ahora no podrá seguir existiendo por mucho tiempo. Así que si tienes el valor suficiente para estar solo, tu ego irá desapareciendo gradualmente.

Estar solo es un acto muy consciente y deliberado. Es más deliberado que el suicidio, porque el ego no puede existir estando solo, pero sí puede existir en el suicidio. Las personas con un ego fuerte son más proclives al suicidio. El suicidio siempre se da con relación a otros, nunca es un acto solitario. En el suicidio, el ego no sufre. Más bien se expresa con mayor plenitud. Tendrá un nuevo nacimiento, con más fuerza.

En la soledad, el ego se hace pedazos. No tiene nada con qué relacionarse, por tanto, no puede existir. Así pues, si estás listo para estar solo, resueltamente solo —ni escapando ni retrocediendo, sólo aceptando la realidad de la soledad, tal como es—, surge una gran oportunidad. Entonces eres como una semilla que contiene un gran potencial. Pero recuerden, la semilla debe destruirse para que la planta crezca. El ego es una semilla, una potencialidad. Si el ego estalla, lo divino nace. Lo divino no es ni «yo» ni «tú», es uno. A través de la soledad alcanzas esta unidad.

Puedes crear falsos sustitutos para esta unidad. Los hindúes son uno solo, los cristianos son uno solo, los mahometanos son uno solo; la India es una sola. China es una sola. Éstos son solamente sustitutos de la unidad. La unidad sólo surge de la completa soledad.

Una muchedumbre puede autodenominarse «una sola», pero la unidad siempre está en oposición a alguna otra cosa. Estás satisfecho sólo si la muchedumbre está contigo. Ahora ya no eres responsable. No quemarías una mezquita estando solo, no destruirías un templo estando solo, pero como parte de una multitud puedes hacerlo, porque ya no eres responsable como individuo. Todos son responsables, así que nadie en especial lo es. No existe conciencia individual, sólo conciencia grupal. En una muchedumbre experimentas una regresión: te transformas en un animal.

La muchedumbre es un falso sustituto para el sentimiento de unidad. Aquel que es consciente de la situación, consciente de su responsabilidad como ser humano, consciente de la ardua y difícil tarea que representa el ser un ser humano, no elige falsos sustitutos. Vive con los hechos tal como son, no crea ficciones. Las religiones y las ideologías políticas son sólo ficciones que crean un sentimiento ilusorio de unidad.

La unidad surge solamente cuando abandonas a tu ego, y el ego sólo puede morir cuando estás totalmente solo. Cuando estás completamente solo, no eres. Ese preciso instante es el momento de la explosión. Explotas en el infinito. Esto, y sólo esto, es evolución. Yo la llamo revolución, porque no es algo inconsciente. Puedes dejar tu ego o puedes no dejarlo. Depende de ti. Estar sólo es la única verdadera revolución. Se necesita mucho valor.

Sólo un Buda está solo, solamente un Jesús o un Mahavir están solos. No es que dejaran a sus familias o abandonaran al mundo. Eso es lo que aparenta ser; pero no es así. No estaban abandonando algo en un sentido negativo. El acto era positivo; era un movimiento hacia la soledad. No se iban. Buscaban la completa soledad. Toda nuestra búsqueda se dirige hacia ese momento de explosión en el que uno está solo. En la soledad hay éxtasis. Y solamente entonces se logra la iluminación. No podemos estar solos, los demás tampoco pueden estarlo; de modo que creamos grupos, familias, sociedades, naciones. Todas las naciones, todas las familias, todos los grupos están formados por cobardes, por aquellos que no tienen el valor suficiente para estar solos. La verdadera valentía es la de estar solo. Implica una aceptación consciente del hecho de que estás sólo y de otra forma. Tienes dos posibilidades: engañarte a ti mismo o vivir con esta realidad. Puedes seguir engañándote en una vida, y en otra, y en otra, pero sólo será un círculo vicioso. Sólo puedes romper el círculo y llegar al centro si logras vivir con la realidad de la soledad. Este centro es el centro de la divinidad, del todo, es lo sagrado. No puedo concebir un momento en el tiempo en que todo ser humano sea capaz de lograr esto en forma automática, por el sólo hecho de nacer. Es imposible.

La conciencia es individual. Sólo la inconsciencia es colectiva. Los seres humanos han alcanzado el nivel de conciencia en el cual se han transformado en individuos. No existe la humanidad como tal; sólo hay seres humanos individuales. Cada ser humano debe descubrir su propia individualidad y su responsabilidad por ella. Lo primero que debemos hacer es aceptar la soledad como una realidad básica y aprender a vivir con ella. No debemos crear ficciones. Si te pones a crear ficciones, nunca serás capaz de conocer la verdad. Las ficciones son verdades proyectadas, creadas y cultivadas que te impiden conocer lo que es. Vive con la realidad de tu soledad. Si puedes vivir con esta realidad, si no alejas esta realidad de ti mediante una ficción, la verdad te será revelada. Si observamos la profundidad de cualquier hecho o realidad, descubriremos la verdad.

Así que vive con la realidad de la responsabilidad, con la realidad de que estás solo. Si puedes vivir con esta realidad, la explosión ocurrirá. Es un camino arduo, pero es el único. Alcanzas el punto de explosión a través de la dificultad, a través de la aceptación de esta verdad. Sólo entonces hay éxtasis. Si se te entrega listo, como un paquete, pierde su valor, porque no te lo has ganado. No tienes la capacidad de sentir el éxtasis. Esta capacidad surge sólo con la disciplina.

Si puedes vivir con la realidad de tu responsabilidad por ti mismo, la disciplina te llegará en forma automática. Al ser totalmente responsable por ti mismo, no puedes hacer otra cosa que ser disciplinado. Pero esta disciplina no es algo impuesto desde fuera. Viene desde dentro. La completa responsabilidad que asumes por ti mismo le otorga disciplina a cada uno de tus actos. No puedes articular ni siquiera una palabra en forma irresponsable. Si eres consciente de tu propia soledad, también te darás cuenta de la angustia de los demás. Entonces, no podrás cometer ni un sólo acto responsable no sólo por ti, sino también por los demás. Si puedes vivir con la realidad de tu soledad, sabrás que todos están solos. Entonces, el hijo sabe que el padre está solo; la esposa sabe que el marido está solo; el marido sabe que la esposa está sola. Cuando llegas a estar consciente de esto, es imposible no ser compasivo.

Vivir con los hechos es el único yoga, la única disciplina. Cuando adquieres total conciencia de la situación humana, te vuelves religioso. Te transformas en el dueño de ti mismo. Pero la austeridad que surge no es la austeridad de un asceta. No es forzada, no es desagradable. La austeridad es estética. Sientes que es la única posibilidad, que no puedes hacer otra cosa. Entonces, renuncias a las cosas, dejas de ser posesivo.

El apremio por poseer es el apremio por no estar solo. El que no puede estar solo, busca compañía. Pero la compañía de otras personas no es confiable; por tanto, busca acompañarse con objetos. Vivir con una esposa es difícil; vivir con un automóvil no es tan difícil. Así pues, en último término, la posesividad se centra en los objetos.

Puedes incluso tratar de transformar a las personas en objetos. Tratas de amoldarlos de tal manera que pierdan su personalidad, su individualidad. Una esposa es una cosa, no una persona; un esposo es una cosa, no una persona.

Si tomas conciencia de tu soledad, también te das cuenta de la soledad de los demás. Llegas entonces a saber que intentar poseer a otro rebasa los límites. Nunca renuncias de un modo positivo. La renuncia se transforma en la sombra negativa de tu soledad. En cambio, te puedes volver no-posesivo. Entonces podrás ser un amante, pero no un marido, no una esposa.

Con esta no-posesividad surgen la compasión y la austeridad. La inocencia llega a ti. Cuando niegas las realidades de la vida, no puedes ser inocente; te vuelves mañoso. Te engañas a ti mismo y a los demás. Pero si tienes el valor suficiente para vivir con la realidad tal como es, llegas a la inocencia. Esta inocencia no es algo cultivado. Lo eres: inocente.

Para mí, el ser inocente es lo único que debemos lograr. Sé inocente, y la divinidad está siempre fluyendo dichosamente hacia ti. La inocencia es la capacidad de recibir, de ser parte de lo divino. Sé inocente, y el invitado está ahí. Transfórmate en el anfitrión.

Esta inocencia no puede cultivarse, porque el cultivar es siempre una maquinación. Es algo calculado. Pero la inocencia nunca puede ser algo calculado; es imposible que lo sea.

Inocencia es religiosidad. Ser inocente es el cenit de la verdadera realización. Pero la verdadera inocencia sólo surge a través de una revolución consciente; no es posible que surja de ninguna evolución colectiva, inconsciente. El ser humano está solo. Se encuentra libre de escoger entre el cielo y el infierno, la vida o la muerte, el éxtasis de la realización o el infortunado padecimiento de nuestra —así llamada— vida.

Sartre dijo alguna vez: «El ser humano está condenado a ser libre». Puedes elegir el cielo o el infierno. Libertad significa la posibilidad de elegir cualquiera de los dos. Si sólo puedes elegir el cielo, no hay posibilidad de elección; no hay libertad. El cielo, sin la posibilidad de elegir el infierno, sería el infierno mismo. Elegir siempre significa esto o lo otro. No significa que seas libre de elegir sólo lo bueno. En ese caso, no habría libertad.

Si eliges en forma incorrecta, la libertad se transforma en condenación; pero si eliges bien, se transforma en éxtasis. Depende de ti si tu elección transforma tu libertad en condenación o en éxtasis. La elección es de tu total responsabilidad.

Si estás listo, desde tus profundidades podrá surgir una nueva dimensión: la dimensión de la revolución. La evolución ha finalizado. Ahora necesitas una revolución para abrirte a lo que se encuentra más allá. Es una revolución individual. Una revolución interna.

Capítulo 2

El misterio de la meditación

¿Qué es la meditación?

La meditación no es un método hindú; no es tan sólo una técnica. No puedes aprenderla. Es un producto: un producto de tu vivir total que surge de tu vivir total. La meditación no es algo que puedas agregar a lo que tú eres. Es algo que puede llegar a ti sólo a través de una transformación básica, una mutación. Tradicionalmente, la meditación es entendida como una técnica que puede ser incorporada. Para mí, no es así. Como eres, la meditación no puede ser agregada. Es un florecimiento, un producto. Un producto siempre surge del total; no es un agregado. Debes evolucionar hacia la meditación.

Este florecimiento total de la personalidad es algo que debe ser correctamente comprendido. De otro modo, nos engañamos a nosotros mismos, nos entretenemos con trucos mentales. ¡Y hay tantos trucos! No sólo puedes engañarte con ellos, no sólo no ganarás nada, sino que, en realidad, te harán daño. La sola idea de que existe alguna treta para llegar a la meditación —concebirla como un método— está básicamente equivocada. Y cuando uno comienza a jugar con artimañas mentales, la cualidad esencial de la mente comienza a deteriorarse.

La mente, tal como existe, no es meditativa. La mente debe cambiar completamente antes de que la meditación tenga lugar. Entonces, ¿qué es la mente en su estado actual? ¿Cómo funciona?

La mente siempre está verbalizando. Puedes conocer palabras, puedes conocer el lenguaje, puedes conocer la estructura conceptual del pensamiento, pero eso no es pensar. Al contrario, es una forma de huir del pensar. Ves una flor y la verbalizas; ves un hombre cruzando la calle y lo verbalizas. La mente puede transformar en palabras cualquier cosa existencial. Entonces, las palabras se transforman en una barrera, una prisión. Esta constante transformación de cosas en palabras, de la existencia en palabras, es el obstáculo que se presenta en el camino hacia una mente meditativa.

Así es que el primer requisito para alcanzar una mente meditativa es ser consciente de tu constante verbalización, y ser capaz de detenerla. Tan sólo vean las cosas; no verbalicen. Tomen conciencia de su presencia, pero no las transformen en palabras. Dejen que las cosas sean, sin lenguaje; dejen que las personas sean, sin lenguaje; dejen que las situaciones sean, sin lenguaje. No es algo imposible; es algo natural. Es la situación presente la que es artificial; sin embargo, nos hemos acostumbrado tanto a ella, se ha transformado en algo tan automático, que ni siquiera nos damos cuenta de que estamos constantemente transformando la experiencia en palabras.

La alborada está ahí. Nunca te das cuenta de la distancia que hay entre verla y verbalizar acerca de ella. Ves el sol, lo sientes, e inmediatamente lo verbalizas. La brecha entre ver y verbalizar ha desaparecido. Debemos tomar conciencia del hecho de que la alborada no es una palabra. Es un hecho, una presencia. La mente transforma automáticamente las experiencias en palabras. Estas palabras llegan, así, a entorpecer tu vivencia de la experiencia.

Meditar significa vivir sin palabras, vivir en forma no-lingüística. A veces, esto ocurre espontáneamente. Cuando estás enamorado, sientes la presencia, no el lenguaje. Cada vez que dos amantes se encuentran en forma íntima, dejan de hablar. No es que no haya nada que expresar. Al contrario, hay una enorme cantidad de cosas que expresar. Pero las palabras nunca aparecen; no podrían. Las palabras llegan sólo cuando el amor se ha ido.

Si dos amantes nunca callan, significa que el amor ha muerto. Ahora están llenando la brecha con palabras. Cuando el amor está vivo, las palabras están ausentes, porque la sola existencia del amor es algo tan abrumador, tan penetrante, que se supera la barrera del lenguaje y las palabras. Y, en general, esta barrera sólo se supera a través del amor.

La meditación es la culminación del amor; no el amor referido a una sola persona, sino a toda la existencia. Para mí, la meditación es una relación viva con el total de la existencia que te rodea. Si puedes amar cualquier situación, estás en un estado de meditación.

Y esto no es una treta mental. No es un método para aquietar la mente. Más bien, necesita de una comprensión profunda del mecanismo de la mente. Apenas comprendes tu hábito mecánico de verbalizar, de transformar la existencia en palabras, creas una brecha. Surge en forma espontánea. La brecha sigue a la comprensión, como una sombra. El verdadero problema no consiste en cómo alcanzar el estado de meditación, sino en saber por qué no estás en ese estado. El proceso mismo de la meditación es negativo. No consiste en agregarte algo, sino en anular algo que ya te fue agregado.

La sociedad no puede existir sin el lenguaje; lo necesita. Pero la existencia no lo necesita. No estoy diciendo que debas eliminar el lenguaje de tu vida. Tendrás que utilizarlo. Pero debes tener la capacidad de conectar y desconectar el mecanismo de la verbalización. Cuando existes como ser social, necesitas el mecanismo del lenguaje; sin embargo, cuando te encuentras sólo con la existencia, debes ser capaz de desconectarlo. Si no puedes desconectarlo —sigue y sigue, y eres incapaz de detenerlo—, te has transformado en su esclavo. La mente debe ser un instrumento, y no el amo.

Cuando la mente es el amo, tenemos un estado en que la meditación está ausente. Cuando tú eres el amo, tu conciencia te lleva de la mano y te encuentras en estado de meditación. Así, entonces, la meditación significa transformarse en el amo del mecanismo de la mente.

La mente y su funcionamiento lingüístico no son lo esencial. Tú la trasciendes; la existencia la trasciende. La conciencia trasciende la lingüística; la existencia trasciende la lingüística. Cuando conciencia y existencia se unen, comparten una comunión. Esta comunión es la meditación.

Debemos dejar de lado el lenguaje. No quiero decir que deban suprimirlo o eliminarlo. Sólo quiero decir que no debe ser un hábito que les ocupe durante las veinticuatro horas del día. Cuando caminas, debes mover las piernas; sin embargo, si siguen moviéndose cuando estás sentado, significa que estás loco. Debes poder inmovilizarlas. Del mismo modo, no debieras utilizar el lenguaje si no estás hablando con alguien. Es una técnica para comunicarse. Cuando no te estás comunicando, el lenguaje no debiera estar presente.

Si eres capaz de hacer esto, puedes cultivar la meditación. La meditación es un proceso creciente, no una técnica. Una técnica está siempre muerta y, por lo tanto, puede serle agregada a una persona; pero un proceso es siempre algo vivo. Un proceso crece, se expande.

Necesitamos el lenguaje, pero no debemos estar siempre con él. Debe haber momentos en que no haya verbalización, en que sólo existes. No es que estés vegetando. La conciencia está ahí. Y se encuentra más penetrante, más viva, porque el lenguaje la embota. El lenguaje se halla condenado a ser repetitivo, y, por tanto, produce aburrimiento. Cuanto más importante sea el lenguaje para ti, más aburrido estarás.

La existencia nunca se repite. Toda rosa es una rosa nueva, enteramente nueva. Nunca ha sido antes, ni tampoco será nuevamente. Pero cuando la llamamos «rosa», la palabra «rosa» es una repetición. Siempre ha estado ahí, y siempre lo estará. Has matado lo nuevo con una palabra vieja.

La existencia siempre es joven, y el lenguaje siempre es viejo. Por medio del lenguaje huyes de la existencia, huyes de la vida, porque el lenguaje está muerto. Cuanto más te comprometas con el lenguaje, más muerto estarás. Un *pundit*[1] está totalmente muerto porque sólo es lenguaje, palabras.

Sartre tituló *Palabras* a su autobiografía. Vivimos en las palabras. Es decir, no vivimos. Al final, sólo hay una cantidad de palabras acumuladas, y nada más. Las palabras son como fotografías. Ves algo que está vivo y le tomas una foto. La fotografía está muerta. Entonces haces un álbum de fotografías muertas. Una persona que no ha vivido en estado de meditación es como un álbum muerto. Sólo tiene fotografías verbales, sólo recuerdos. Nada ha sido vivido, todo ha sido solamente verbalizado.

Meditar significa vivir totalmente; pero sólo puedes vivir en forma total cuando permaneces en silencio. Con «estar en silencio» no me refiero a estar inconsciente. Puedes estar en silencio e inconsciente, pero no es un silencio viviente. Te has equivocado nuevamente.

Te puedes autohipnotizar por medio de los mantras. Puedes producir tal aburrimiento en tu mente con sólo repetir una palabra, que la mente se irá a dormir. Caes en el sueño, en la inconsciencia. Si can tas «Ram, Ram, Ram», la mente se dormirá. Entonces, la barrera del lenguaje habrá desaparecido, pero estarás inconsciente.

---

1 Cierto tipo de sabio indio. (N. del T.).

Meditar significa que el lenguaje no debe estar ahí, pero que tú debe estar en un estado consciente. De otro modo, no hay comunión con la existencia, con todo lo que existe, con todo lo que es. ¿Qué debemos hacer entonces? Ningún mantra puede ser de ayuda, ningún cántico puede serlo. No pueden ser herramientas para la meditación, sólo pueden ser herramientas para la autohipnosis, y la autohipnosis no es meditación. Al contrario, estar en estado de autohipnosis es una regresión. Con ello no estás trascendiendo el lenguaje; caes a un estado aún más bajo.

Por tanto, abandonen todos los mantras, abandonen todas esas técnicas. Permitan que existan momentos en los que no haya palabras. No puedes deshacerte de las palabras con un mantra, porque este proceso utiliza palabras. No puedes eliminar el lenguaje con palabras; es imposible.

¿Qué debemos hacer entonces? En realidad, no puedes hacer absolutamente nada, salvo comprender. Cualquier cosa que puedas hacer surgirá únicamente de tu situación actual. Te encuentras confundido, no vives en estado de meditación, tu mente no está silente, de modo que cualquier cosa que provenga de ti sólo creará más confusión. Todo lo que puedes hacer en este momento es comenzar a darte cuenta del modo como funciona la mente. Eso es todo; sólo darte cuenta. Tomar conciencia no guarda ninguna relación con palabras. Es un acto existencial, no un acto mental.

Así es que lo primero es estar consciente. Estar consciente de tus procesos mentales, del modo como funciona tu mente. Apenas tomas conciencia del funcionamiento de tu mente, dejas de ser la mente. La sola conciencia significa que te encuentras más allá: lejano, un testigo. Y, cuanto más consciente estás, mayor será tu capacidad para ver las brechas entre la experiencia y las palabras. Las brechas están ahí, pero estás tan poco consciente que nunca las ves.

Entre dos palabras siempre hay una brecha, aun cuando imperceptible, aun cuando pequeña. De otro modo, las dos palabras no estarían separadas; serían una sola. Entre dos notas musicales siempre hay una brecha, un silencio. Dos palabras o dos notas no pueden ser dos, a menos que exista un intervalo entre ambas. Siempre hay un silencio ahí; pero, para sentirlo, uno debe estar realmente consciente, realmente atento. Cuanto más alerta estás, más se lentifica la mente. Es siempre algo relativo.

Cuanto menos consciente estés, más rápida es la mente; cuanto más consciente estás, más lento es el proceso mental. Cuando estás más consciente de la mente, esta se lentifica y se amplían las brechas existentes entre los pensamientos. Entonces puedes verlas.

Es igual que una película. Cuando el proyector se hace funcionar en cámara lenta, ves los espacios en medio. Una película de mi acto de levantar la mano tendrá mil fragmentos. Cada fragmento será una fotografía separada. Si estas miles de fotografías corren frente a tus ojos tan rápidamente que no puedas ver los espacios, ves la mano que se levanta como un proceso. Pero en cámara lenta, puedes ver los espacios.

La mente es igual que una película. Los espacios están ahí. Mientras más atento estés a tu mente, más los verás. Es como una imagen gestáltica: una imagen que contiene dos imágenes diferentes al mismo tiempo. Puedes ver una imagen o la otra, pero no las dos al mismo tiempo. Puede ser el retrato de una anciana y, al mismo tiempo, el de una joven. Pero si te centras en una, no verás a la otra, y cuando te centras en la otra, pierdes de vista a la primera. Aun sabiendo perfectamente bien que has visto ambas imágenes, no puedes verlas simultáneamente.

Lo mismo ocurre con la mente. Si ves las palabras, no puedes ver los espacios; y si ves los espacios, no puedes ver las palabras. A cada palabra sucede un espacio, y a cada brecha sigue una palabra, pero no puedes verlas a las dos a la vez. Si te centras en los espacios, perderás de vista las palabras, serás impelido hacia la meditación.

Una conciencia focalizada sólo en palabras es no-meditativa, y una conciencia centrada sólo en los espacios es meditativa. Cuando quiera que tomes conciencia de los espacios, perderás las palabras. Si observas cuidadosamente, no encontrarás palabras: sólo encontrarás un espacio vacío.

Puedes ver la diferencia entre dos palabras, pero no la diferencia entre dos espacios. Las palabras están siempre en plural y el espacio es siempre singular: «el» espacio. Se fusionan y convierten en uno. Meditar es concentrarse en el espacio, en la brecha. Entonces toda la Gestalt cambia.

Debemos comprender otra cosa. Si miras la imagen gestáltica y te concentras en la anciana, no puedes ver el otro retrato. Sólo eres consciente de uno de ellos. Y ése es el único camino; eres consciente del primero, no sabes que el otro retrato está oculto detrás. Tú eres consciente de uno. Pero si sigues concentrándote en la anciana —si sigues concentrado en ella, si le prestas toda tu atención—, llegará el momento en que el foco cambie, y repentinamente la anciana habrá desaparecido, y ahí tenemos el otro retrato.

¿Por qué ocurre esto? Ocurre porque la mente no puede permanecer focalizada durante mucho rato. Debe variar; de lo contrario, se duerme. Éstas son las únicas dos posibilidades. Si te concentras en una sola cosa, la mente se dormirá. No puede permanecer estable: es un proceso viviente. Si dejas que se aburra, se irá a dormir, huyendo de la paralización de tu foco. Entonces puede seguir viviendo en los sueños. Ésta es la meditación del tipo Mahesh yogi. Es pacífica, refrescante, puede ser útil para tu salud física y tu equilibrio mental, pero no es meditación. Lo mismo puede lograrse con autohipnosis, por sugestión. Confundir esto con meditación es un grave error. No lo es. Y si la consideras como tal, nunca buscarás la verdadera meditación. Ése es el verdadero daño que producen tales prácticas y los que las promulgan. Es tan sólo una droga psicológica. La mente no puede permanecer en una posición fija, es un proceso vivo. Si la fuerzas, se dormirá para así continuar con el proceso vivo en sueños. Se duerme para escapar de tu anquilosado y forzado foco de atención. Entonces puede continuar viviendo, en sueños.

Si tomas conciencia, sólo conciencia, sin palabras, la autohipnosis resulta difícil. Sin palabras, la autohipnosis es difícil, porque sin palabras no puedes sugerir nada a la mente. La palabra india «mantra» significa sugestión, nada más. Significa sugestión. Si sólo tomas conciencia, sin palabras, de la anciana y la figura, entonces verás que tu mente cambia, la atención cambia, y el más reciente se convierte en el centro de atención. Digo esto porque si tomas conciencia de las palabras, simplemente toma conciencia y no utilices ninguna palabra para sacarlas, no utilices ningún mantra para sacarlas, sólo toma conciencia de las palabras: tu mente, automáticamente, se desplazará hacia los espacios. No puede continuar. Tendrá que relajarse en el espacio.

Así que no utilices ningún mantra para ahuyentar las palabras. Sólo toma conciencia de ellas, y la atención de tu mente se desplazará automáticamente hacia los espacios entre una y otra.

Si te identificas con las palabras, saltarás de una palabra a otra, y pasarás por alto los espacios. Otra palabra es algo nuevo en lo cual focalizar la atención. La mente varía a cada instante; el foco varía. Pero si no te identificas con las palabras, si eres sólo un testigo —lejano, sólo observando como las palabras se suceden unas a otras—, toda tu atención cambiará, y tomarás conciencia de la brecha. Es igual que si miras pasar a la gente en la calle. Una persona ya pasó y la siguiente aún no. Hay un intervalo; la calle está vacía. Si estás mirando, conocerás este intervalo vacío.

Y una vez que conoces el espacio vacío, estás en él; has saltado a su interior. Es un abismo —da tanta paz, crea tanta conciencia—. Permanecer en esta brecha es meditación, es transformación. Ahora ya no necesitas el lenguaje: te deshaces de él. Lo abandonas conscientemente. Estás consciente del silencio, del infinito silencio. Eres parte de él, eres uno con él. No tomas conciencia del abismo como algo separado de ti; lo percibes como parte de ti. Sabes, pero ahora eres el saber. Observas la brecha, pero ahora el observador es el observado.

En cuanto a las palabras y pensamientos, eres un testigo aparte; las palabras son algo separado de ti. Pero cuando no hay palabras, tú eres la brecha entre ellas: consciente, sin embargo, de que lo eres. Desaparece la barrera entre tú y la brecha, entre la conciencia y la existencia. Son sólo las palabras las que constituyen la barrera. Ahora te encuentras en una situación existencial. Esto es meditación: ser uno con la existencia, estar totalmente inmerso en ella, permaneciendo consciente. Esta es la contradicción, la paradoja. Ahora has conocido una situación en la que eres consciente, estando además inmerso en ella.

Generalmente, cuando estamos conscientes de algo, ese algo se transforma en lo otro. Si estamos identificados con algo, nos unimos con eso, pero no estamos conscientes (como en la ira o en el sexo). Nos unificamos solamente cuando estamos inconscientes.

El sexo es tan atractivo porque en él nos unificamos por un instante. Sin embargo, en ese momento estás inconsciente. Buscas la inconsciencia, porque buscas la unidad. Pero cuanto más buscas la inconsciencia, más consciente te pones. Entonces, no sentirás el éxtasis del sexo, porque el éxtasis surgía de la inconsciencia.

Podías ser inconsciente en un momento de pasión. Tu conciencia declina. Por un instante, estabas en el abismo, pero inconsciente. Pero cuanto más lo buscas, más se te escabulle. Finalmente, llega un momento en que tienes sexo y el momento de inconsciencia ya no se presenta. El abismo se ha perdido, el éxtasis se ha perdido. Entonces, el acto resulta estúpido. Es sólo una descarga mecánica; ya no le queda nada espiritual.

Sólo hemos conocido la unidad inconsciente; nunca hemos conocido la unidad consciente. La meditación es unidad consciente. Es el otro polo de la sexualidad. El sexo es uno de los polos (unidad inconsciente) y la meditación es el otro (unidad consciente). El sexo es el punto más bajo de la unidad, y la meditación es el cenit, el punto más alto de ella. El grado de conciencia marca la diferencia entre ambas.

La mente occidental piensa ahora en la meditación porque el sexo ha perdido su atractivo. Cuandoquiera que una sociedad deja de reprimir al sexo, surge la meditación, porque la desinhibición del sexo mata su encanto y su romanticismo: matará su lado espiritual. En un medio tal, el sexo se practica intensamente; pero ya no es posible hacerlo en forma inconsciente.

Una sociedad sexualmente reprimida puede mantener su interés en el sexo, pero una sociedad no represiva, desinhibida, no puede mantenerlo para siempre. Es algo que deberán trascender. Así es que si una sociedad es sexualmente libre, pronto surge la meditación. Una sociedad libre en el sexo es, para mí, el primer paso hacia la búsqueda. Pero, por supuesto, la búsqueda puede ser explotada. Se le está explotando en el Oriente. Pueden suministrar gurús; pueden exportarlos. Y se les está exportando. Pero sólo se pueden aprender trucos con estos gurús. La comprensión surge al vivir la vida. No puede ser entregada, transferida.

No puedo entregarles mi comprensión. Puedo hablarles de ella, pero no puedo entregársela. Ustedes tendrán que encontrarla. Deberán ir al encuentro de la vida. Deberán equivocarse; deberán fracasar; deberán soportar muchas frustraciones. Pero sólo a través de los fracasos, los errores y las frustraciones, sólo encontrando la verdadera vida, llegarán a la meditación. Éste es el motivo por el cual digo que la meditación es un fruto, un producto. Hay algo que debemos comprender, pero la comprensión que obtenemos de otro nunca podrá superar el nivel intelectual. Por eso Krishnamurti pide lo imposible. Él dice: «No me comprendan intelectualmente» —pero de otra persona sólo podemos obtener comprensión intelectual—. Ése es el motivo por el cual el esfuerzo de Krishnamurti ha sido absurdo. Lo que él dice es auténtico, pero cuando requiere más que comprensión intelectual del que lo escucha, pide lo imposible. Otra persona no puede entregarnos nada más. Sin embargo, la comprensión intelectual puede bastar. Si pueden comprender intelectualmente lo que digo, también pueden comprender lo que no he dicho. Pueden también comprender los espacios silenciosos: lo que no estoy diciendo, lo que no puedo decir. La primera comprensión será inevitablemente intelectual, porque el intelecto es la puerta. No podrá nunca ser espiritual. La espiritualidad es el santuario interno.

Sólo puedo comunicarme con ustedes en forma intelectual. Si realmente pueden comprenderlo, podrán también sentir lo que no he dicho. No puedo comunicarme sin palabras; pero cuando utilizo palabras, estoy también utilizando los silencios. Tendrán que estar atentos a ambos. Si sólo comprenden las palabras, tendremos una comunicación pero si también pueden tomar conciencia de los espacios entre ellas, tendremos una comunión.

Debemos comenzar de alguna forma. Todo comienzo está destinado a ser un paso en falso, pero debemos comenzar. Al equivocarnos, al explorar a tientas, encontramos la puerta. El que piense comenzar sólo cuando tenga la forma correcta de hacerlo, nunca dará el paso inicial. Aun un paso en falso es un paso en la dirección correcta, porque es un paso, un comienzo. Comienzas a tentar en la oscuridad, y buscando a tientas encuentras la puerta.

Por eso les digo que estén atentos al proceso lingüístico —el proceso de las palabras— y que busquen tomar conciencia de las brechas, de los intervalos. Habrá momentos en que, sin hacer un esfuerzo consciente, tomarán conciencia de los intervalos. Ése es el encuentro con lo divino, el encuentro con lo existencial. Cuandoquiera que tengas un encuentro, no huyas. Permanece allí. Tendrás miedo al principio; eso es inevitable. Cada vez que te encuentras con lo desconocido, surge el miedo, porque, para nosotros, lo desconocido es la muerte. Así es que, cada vez que encuentres un intervalo vacío, sentirás que la muerte se te acerca. Entonces, ¡muérete! Permanece en eso, y muere por completo en esa brecha. Y tendrás un renacer. Muriendo tu muerte en silencio, la vida resucita. Estarás vivo por primera vez, realmente vivo.

Así es que para mí, la meditación no es un método, sino un proceso; la meditación no es una técnica, sino que una comprensión. No puede ser enseñada; sólo se puede indicar en su dirección. No puedes informarte acerca de ella, porque ninguna información es realmente información. Viene del exterior, y la meditación surge de tus propias profundidades internas.

Así que busca, sé un buscador y no un discípulo. De manera que no serás el discípulo de algún gurú, sino un discípulo de la vida entera. Entonces, no estarás solamente aprendiendo palabras. El aprendizaje espiritual no puede provenir de las palabras, sino de las brechas, de los silencios que siempre te rodean. Están ahí, incluso en medio de la muchedumbre, en el mercado, en el bazar. Busca los silencios, busca los espacios vacíos, dentro y fuera, y un día te encontrarás meditando.

La meditación viene hacia ti. Es siempre ella la que se acerca; no puedes traerla. Pero uno debe estarla buscando, porque sólo cuando la estás buscando estarás abierto a ella, vulnerable a ella. Eres su anfitrión. La meditación es un invitado. Puedes invitarla y esperarla. Va al encuentro del Buda, va al encuentro de Jesús, se acerca a todos los que están listos, receptivos, buscando.

Pero no intentes aprenderla de alguien; serás engañado si lo haces. La mente siempre busca lo más fácil. Éste es el origen de la explotación. Entonces vienen los gurús y toda su cosa y la vida espiritual se envenena.

La persona más peligrosa es la que explota la premura espiritual. Si alguien te roba tu dinero, no es tan grave; si alguien te falla, no es tan grave. Sin embargo, si en tu camino hacia la meditación, hacia lo divino, hacia el éxtasis, alguien te engaña o te desvía de tu senda de una u otra forma, el pecado es grande e imperdonable.

Pero eso se está haciendo. Así es que estén alerta y no le pregunten a cualquiera: «¿Qué es la meditación? ¿Cómo debo meditar?». En lugar de eso, pregunta cuáles son las cortapisas, cuáles son los obstáculos. Pregunta por qué no estamos siempre en estado meditativo, dónde se detuvo el crecimiento, dónde fuimos mutilados. Y no busques gurús, porque los gurús son mutiladores. Cualquiera que te dé fórmulas hechas no es un amigo, sino un enemigo.

Busca a tientas en la oscuridad. No puedes hacer nada más. La búsqueda misma se transformará en la comprensión que te liberará de la oscuridad. Jesús dijo: «La verdad es libertad». Comprende esta libertad. La verdad siempre viene a través de la comprensión. No es algo con lo que te encuentras; es algo en lo cual evolucionas. Así es que busca la comprensión, porque cuanto más comprendas, más te acercarás a la verdad. Y en algún momento desconocido, inesperado, impredecible, cuando la comprensión llegue a su clímax, te encontrarás en el abismo. Ya no eres: sólo la meditación es.

Cuando ya no eres, estás meditando. La meditación no es algo agregado a ti; está siempre más allá de ti. Cuando estás en el abismo, la meditación está allí. Entonces el ego no es; ya no eres. Sólo el ser es. A eso se refieren las religiones cuando mencionan a Dios: el ser supremo. Es la esencia de todas las religiones, de todas las búsquedas, pero nunca la encontrarás empaquetada y lista. Así es que tengan cuidado de cualquiera que presuma acerca de ella.

Sigue buscando a tientas y no le temas al fracaso. Admite los fracasos, pero no cometas los mismos de nuevo.

Una vez basta; eso es suficiente. El que se extravía una y otra vez en la búsqueda de la verdad es siempre perdonado. Ésta es una promesa que proviene de las profundidades mismas de la existencia.

Capítulo 3

Sexo, amor y oración: tres peldaños hacia lo divino

Por favor, descríbenos la significación espiritual de la energía sexual. ¿Cómo podemos sublimar y espiritualizar el sexo? ¿Es posible tener actividad sexual, hacer el amor, como una meditación, como un trampolín hacia niveles más elevados de conciencia?

El sexo es sólo una forma de utilizar la energía vital. Así es que no existe la sublimación. Si la energía vital fluye en otra dirección, no hay sexo. Sin embargo, esto no es una sublimación, es una transformación.

El sexo es el flujo natural y biológico de la energía vital, y la forma más básica de utilizarla. Es natural porque la vida no puede existir sin él, y es la forma más básica porque es el fundamento, no la cima. Cuando el sexo es todo, la vida entera sólo es un desperdicio. Es como construir un cimiento y seguir en eso sin construir jamás la casa para la cual está destinada este cimiento.

El sexo representa solamente una oportunidad para una transformación más elevada de la energía vital. El sexo está bien hasta donde llegue; sin embargo, cuando se transforma en el todo, cuando se transforma en la única puerta de salida de la energía vital, resulta destructivo. Puede solamente ser un medio, no el fin. Y los medios son significativos sólo cuando se alcanzan los fines. Cuando un ser humano abusa de los medios, el objetivo se pierde. Si el sexo llega a ser lo más importante en la vida (y eso ha ocurrido), los medios se transforman en fines. El sexo crea el fundamento biológico para que la vida exista y continúe. Es un medio; no debiera transformarse en el fin.

Si el sexo se transforma en el fin, se pierde la dimensión espiritual. Pero si el sexo llega a ser meditativo, se le encauza hacia la dimensión espiritual. Se transforma en un trampolín. No existe necesidad de sublimación, porque la energía como tal no es ni sexual ni espiritual. La energía es siempre neutra. En sí, no tiene nombre. El nombre depende de la puerta por la cual fluya. El nombre no es el nombre de la energía en sí; es el nombre de la forma que la energía asume. Cuando hablas de «energía sexual», te refieres a la energía que fluye a través del sexo, a través de una puerta biológica. La misma energía es energía espiritual cuando fluye hacia lo divino.

La energía en sí es neutra. Cuando se expresa biológicamente, es sexo. Cuando se expresa emocionalmente, puede transformarse en amor, puede transformarse en odio, puede transformarse en ira. Cuando se expresa a través del intelecto, puede ser de tipo científico, puede ser de tipo literario. Es de tipo físico cuando se moviliza a través del cuerpo. Cuando se moviliza a través de la mente, es de tipo mental. Las diferencias no son diferencias de la energía como tal, sino que de la aplicación de sus manifestaciones.

Así que no es correcto hablar de «sublimación de energía sexual». Si no se utiliza la puerta del sexo, la energía vuelve a ser pura. La energía es siempre pura. Cuando se manifiesta a través de lo divino, se transforma en espiritual; sin embargo, la forma es sólo una manifestación de la energía.

La palabra «sublimación» tiene asociaciones muy negativas. Todas las teorías acerca de la sublimación son teorías de represión. Cuando hablas de «sublimación del sexo», te transformas en su antagonista. Tu condenación está allí, en la palabra misma. Preguntas lo que uno puede hacer con el sexo. Cualquier cosa que se le haga directamente al sexo es una represión. Sólo hay métodos indirectos en los que no te implicas en absoluto con la energía sexual directamente, sino que, más bien, buscas abrir la puerta hacia lo divino. Cuando se abre la puerta hacia lo divino, todas las energías que hay en tu interior comienzan a fluir en esa dirección. El sexo es, entonces, absorbido. Cuandoquiera que es posible alcanzar un éxtasis más elevado, las formas inferiores de éxtasis pierden atractivo. No se trata de que las suprimas o luches contra ellas. Simplemente, se marchitan. El sexo no es sublimado; es trascendido.

No transformarás la energía haciéndole algo negativo al sexo. Al contrario, producirás un conflicto destructivo en tu interior. Cuando luchas contra una energía, luchas contra ti mismo. Nadie puede ganar esa pelea. En algún momento sentirás que tú ganaste, y al minuto siguiente sentirás que el sexo te venció. Esto seguirá eternamente. Por momentos no habrá sexo, y sentirás que lo tienes controlado; luego, sentirás que el sexo nuevamente te jala y perderás todo lo que creíste haber ganado. Nadie puede ganar una pelea contra su propia energía.

Si una fuente de mayor éxtasis atrae tus energías, el sexo desaparecerá. No se trata de que la energía haya sido sublimada; no se trata de que le hayas hecho algo. Más bien, se te ha abierto un nuevo camino hacia un éxtasis mayor, y, automáticamente, espontáneamente, la energía comienza a fluir hacia la nueva puerta.

Si andas acarreando piedras y repentinamente te encuentras con diamantes, nunca te darás cuenta siquiera de que tiraste las piedras. Se caerán solas, como si nunca las hubieras tenido. Ni siquiera recordarás que renunciaste a ellas, que las abandonaste. Ni siquiera te darás cuenta. No se trata de que hayas sublimado algo. Se ha abierto una mayor fuente de felicidad, y las fuentes más pequeñas se han apagado por sí solas.

Esto ocurre de forma tan automática, tan espontánea, que no es necesario que hagas nada en contra del sexo. Todo lo que hagas contra cualquier energía será negativo. La acción positiva y verdadera ni siquiera guarda relación con el sexo: se halla relacionada con la meditación. Ni siquiera te darás cuenta de que el sexo ha desaparecido. Simplemente, lo nuevo lo ha absorbido.

«Sublimación» es una fea palabra. Guarda una tonalidad de antagonismo, de conflicto. El sexo se debiera tomar como lo que es. Es sólo el fundamento biológico que permite que la vida exista. No le otorguen ningún significado espiritual o antiespiritual. Sencillamente comprendan el hecho factual.

Cuando se lo considera como un hecho biológico, nadie se preocupa. Comienzan a preocuparse sólo cuando se le otorga algún significado espiritual. Así, por tanto, no le otorguen significado alguno; no le adjudiquen ninguna filosofía. Limítense a contemplar los hechos. No hagan nada a favor del sexo o en su contra. Permítanle ser lo que es; acéptenlo como algo normal. No asuman una actitud anómala frente a él.

Tal como tienen ojos y manos, también tienen sexo. No están en contra de sus ojos o sus manos, así es que no rechacen el sexo. En esa actitud, la pregunta acerca de lo que debe hacerse con el sexo resultará irrelevante. Crear una dicotomía en pro o en contra del sexo es irrelevante. Es un hecho consumado. Han llegado a este mundo a través del sexo, y es también a través del sexo que se les ha dado la posibilidad de originar un nuevo ser. Son parte de una gran continuidad. Su cuerpo va a morir, de modo que se halla programado para crear otro cuerpo que lo reemplace.

La muerte es segura. Por eso el sexo es algo tan obsesivo. No estarán aquí para siempre, así que tendrán que ser reemplazados por un nuevo cuerpo, una réplica. El sexo es así de importante porque toda la naturaleza porfía en ello; de otro modo, el ser humano no podría seguir existiendo. Si fuese algo voluntario, no quedaría nadie sobre la tierra. El sexo es tan obsesivo, tan apremiante, el impulso sexual es tan intenso, porque la naturaleza entera lo apoya. Sin él, la vida no puede existir.

El sexo es muy importante para los buscadores espirituales, porque es tan involuntario, tan apremiante, tan natural. Se ha transformado en un criterio para saber si la energía vital de una persona determinada ha alcanzado ya lo divino. No hay forma directa de saber si alguien se ha encontrado con lo divino —no podemos saber si alguien tiene diamantes—, pero sí podemos saber de inmediato si alguien ha abandonado las piedras, porque estamos familiarizados con las piedras. Sabemos de inmediato si alguien ha trascendido el sexo, porque estamos familiarizados con el sexo.

El sexo es tan compulsivo, tan involuntario, es una fuerza tan poderosa, que sólo podemos trascenderla si alcanzamos lo divino. Así, el *bramacharya* se transformó en el criterio para distinguir a aquellas personas que han alcanzado lo divino. Para esas personas no existe el sexo habitual, el que practican los seres normales.

Esto no significa que podamos alcanzar lo divino si abandonamos el sexo. La contrapartida es una falacia. El que encuentra diamantes abandona las piedras que lleva, pero el reverso de esto no es verdad. Puedes abandonar las piedras, pero eso no significa que hayas alcanzado algo superior a ellas.

Te encontrarás entonces en un punto intermedio. Tendrás una mente de represión, no una mente trascendida. El sexo seguirá burbujeando en tu interior y vivirás un infierno. Esto no es ir más allá del sexo. Cuando el sexo es reprimido, resulta feo, enfermo, neurótico. Se pervierte.

La así llamada actitud religiosa hacia el sexo ha creado una sexualidad pervertida, una cultura que es totalmente neurótica en el plano sexual.

Yo no estoy a favor de ella. El sexo es una realidad biológica; no hay nada malo en él. Así es que no luchen contra él, o lo pervertirán; y un sexo pervertido no es un paso hacia adelante. Es un descenso, es un paso hacia la insanidad. Cuando la represión es tan intensa que no pueden prolongarla por más tiempo, termina explotando, y en esa explosión tú te perderás.

En tu interior se encuentran todas las cualidades humanas, todas las posibilidades. La realidad normal del sexo es sana, pero cuando se le reprime anormalmente, tendremos una sexualidad enferma. Desde la normalidad, es muy fácil movilizarse hacia lo divino, pero hacerlo partiendo de una mente neurótica es arduo, y, en cierta medida, imposible. Primero tendrás que sanar, volverá la normalidad. Al final de ese camino existe la posibilidad de trascender el sexo.

Entonces, ¿qué es lo que hay que hacer? ¡Conoce el sexo! ¡Recórrelo conscientemente! Éste es el secreto para abrir una nueva puerta. Si abordas al sexo en forma inconsciente, serás sólo un instrumento en las manos de la evolución biológica, pero si puedes permanecer consciente durante el acto sexual, entrarás en una profunda meditación.

El acto sexual es tan involuntario y tan compulsivo que es difícil permanecer consciente en él; sin embargo, no es imposible. Y si puedes estar consciente durante el acto sexual, no existirá ningún otro acto en la vida en el que no puedas estar consciente, porque ningún acto es tan profundo como el sexo.

Si puedes estar consciente durante el acto sexual, llegarás a estarlo incluso en la muerte. La profundidad del acto sexual y la profundidad de la muerte son similares, paralelas. Llegas al mismo punto. Así, por tanto, si logras estar consciente durante el acto sexual, habrás dado un gran paso. Es algo inapreciable.

Así que utilicen el sexo como un acto de meditación. No luchen contra el sexo, no vayan en su contra. No pueden luchar contra la naturaleza; eres parte de ella. Debes tener una actitud amistosa hacia el sexo, simpatizar con él. Es el diálogo más profundo que puedes establecer con la naturaleza.

El acto sexual no es, en realidad, un diálogo entre un hombre y una mujer. Es un diálogo del hombre con la naturaleza, a través de la mujer; y de la mujer con la naturaleza, a través del hombre. Es un diálogo con la naturaleza. Por un instante, te encuentras en el flujo cósmico; estás dentro de la armonía celestial, sintonizado con el todo. De esta forma, el hombre se realiza a través de la mujer y la mujer a través del hombre.

El hombre no es completo, ni la mujer tampoco. Son dos fragmentos de un todo. Así, cada vez que se fusionan en el acto sexual, pueden estar en armonía con la naturaleza subyacente de las cosas, con el Tao. Esta armonía puede dar como resultado el nacimiento biológico de un nuevo ser. Si no estás consciente, esa será la única posibilidad. Sin embargo, si te encuentras consciente, el acto puede transformarse en un nacimiento para ti, en un nacimiento espiritual. A través del sexo, habrás nacido dos veces.

Si participas en el sexo en forma consciente, te transformas en un testigo de lo que ocurre. Y una vez que te transformas en un testigo del acto, trascenderás el sexo; la actitud de testigo te habrá liberado.

Ya no habrá compulsión. No serás un participante inconsciente. Al transformarte en un testigo del acto, lo habrás trascendido. Ahora sabes que no eres sólo un cuerpo. El testigo en tu interior habrá conocido algo que lo trasciende.

Puedes conocer esto que se encuentra «más allá», pero sólo cuando te sumerges profundamente en ello. No se trata de un encuentro superficial. Cuando te encuentras regateando en el mercado, tu consciencia no podrá profundizar mucho, porque el acto mismo es superficial. Por lo general, el acto sexual es el único a través del cual el ser humano puede transformarse en un testigo de sus profundidades internas.

Cuanto más te sumerges en la meditación a través del sexo, menor será el efecto que el sexo tendrá. La meditación se desarrollará desde allí y desde esta meditación que crece se abrirá una nueva puerta, y el sexo se marchitará. Esto no será una sublimación. Será similar a la caída de las hojas secas desde el árbol. El árbol ni siquiera se entera de que las hojas están cayendo. De igual forma, ni te darás cuenta de que el aguijoneo mecánico del sexo está desapareciendo.

Haz surgir la meditación del sexo; haz del sexo un objeto de meditación[2]. Trátalo como a un templo: con ello lo trascenderás y serás transformado. Entonces, el sexo habrá desaparecido, pero no a consecuencia de una represión o de una sublimación. El sexo será simplemente irrelevante, insignificante. Has crecido, lo has trascendido. Ya no tiene significado para ti.

Es igual que un niño que crece. Los juguetes ya no le interesan. No ha sublimado nada; no ha suprimido nada. Sólo ha crecido; sólo ha madurado.

2　Una amplia variedad de técnicas de meditación que trabajan directamente con la energía sexual son comentadas por Osho en una serie de 80 conferencias acerca del Vigyana Bhairava Tantra, publicada en español con el título *El libro de los secretos*.

Los juguetes ya no tienen significado para él. Corresponden a una etapa que él ya ha superado.

De igual forma, cuanto más medites, menor será el atractivo que el sexo ejerza sobre ti. Y poco a poco, espontáneamente, sin esforzarte conscientemente por sublimar al sexo, la energía tendrá una nueva dirección hacia donde fluir. La misma energía que ha fluido a través del sexo lo hará ahora a través de la meditación. Y cuando la energía fluye a través de la meditación, comienza a abrirse la divina puerta.

Otra cosa. Has utilizado las palabras «sexo» y «amor». Por lo general utilizamos las dos palabras como si existiese una asociación interna entre ellas. Eso no es así. El amor llega sólo cuando el sexo se ha ido. Antes de eso, el amor es sólo un cebo, un juego introductorio y nada más. Su papel consiste solamente en preparar el terreno para el acto sexual. No es más que una introducción al sexo, un preámbulo. Así es que cuanto más sexo haya entre dos personas, menos amor habrá, porque el preámbulo no resultará necesario.

Si dos personas están enamoradas y no tienen relaciones sexuales, habrá mucho amor romántico entre ellas. Sin embargo, cuando el sexo entre, el amor se irá. El sexo es tan abrupto. En sí, es tan violento. Necesita una introducción, necesita un juego previo. El amor, tal como lo conocemos, es sólo el ropaje para la realidad desnuda del sexo. Si observas las profundidades de lo que tú llamas amor, encontrarás al sexo allí parado, listo para saltar. Se encuentra siempre a la vuelta de la esquina. El amor habla, el sexo se prepara.

Este pseudoamor se relaciona con el sexo, pero sólo como un preámbulo. Si el sexo aparece, el amor desaparece. Por eso el matrimonio mata al amor romántico de forma total. Las dos personas llegan a conocerse, y el juego previo, el amor, llega a ser innecesario.

El verdadero amor no es un preámbulo. Es una fragancia. No lo encuentras antes del sexo, sino después. No es un prólogo, es un epílogo. Si has experimentado el sexo y sientes compasión por el otro, surgirá el amor. Y si meditas, te sentirás compasivo. Si meditas durante el acto sexual, tu compañero no será solamente un instrumento para tu placer físico. Te sentirás agradecido, porque ambos han llegado a una profunda meditación.

Cuando meditas en el sexo, surge una nueva amistad entre ambos, porque, a través del otro, cada uno ha tenido una comunión con la naturaleza, ha vislumbrado profundidades desconocidas de la realidad. Sentirán agradecimiento y compasión por el otro: compasión por el sufrimiento, compasión por la búsqueda, compasión por un igual, por un compañero de viaje, compasión por un amigo que busca a tientas.

Si el sexo llega a ser meditativo, sólo entonces llega a percibirse la fragancia que subsiste detrás de él: un sentimiento que no es un preámbulo del sexo, sino una maduración, un progreso, una realización meditativa. Así, si el acto sexual llega a ser meditativo, sentirás amor. El amor es una combinación de gratitud, amistad y compasión. Si estos tres elementos se reúnen, estarás enamorado.

Si este amor se desarrolla, trascenderá al sexo. El amor se desarrolla a través del sexo, pero va más allá, lo trasciende. Tal como una flor: crece a través de las raíces, pero va más allá. Y no volverá atrás; no hay vuelta atrás. Así es que si el amor se desarrolla, el sexo desaparece. De hecho, esa es una de las formas de comprobar que el amor se ha desarrollado. El sexo es como la cáscara de un huevo, cáscara a través de la cual emerge el amor. Cuando el amor emerge, la cáscara desaparece. Fue rota, desechada.

El sexo puede llevar al amor sólo cuando la meditación está presente; de otra forma, no. Si la meditación no está allí, el sexo se repite una y otra vez de la misma forma, y terminará aburriéndote. El sexo se pondrá cada vez más insípido y no te sentirás agradecido con el otro. Más bien, te sentirás engañado; sentirás hostilidad. El otro te domina. Te domina a través del sexo, porque se ha transformado en una necesidad para ti. Te has transformado en un esclavo, porque no puedes vivir sin el sexo. Pero nunca podrás sentir amistad hacia alguien del que te sientes un esclavo.

Y ambos sienten lo mismo: el otro es el amo. La dominación será negada y combatida; pero aun así, el sexo seguirá repitiéndose. Se transformará en una rutina diaria. Riñes con tu pareja sexual, y luego arreglas las cosas nuevamente. Entonces riñes nuevamente, y nuevamente lo arreglas todo. El amor es, a lo más, una transacción. No puedes sentir amistad; no hay compasión. En vez de eso, habrá crueldad y violencia; te sentirás engañado. Te has transformado en un esclavo. El sexo no podrá evolucionar hacia el amor. Seguirá siendo sólo sexo.

¡Atraviesa el sexo! No lo temas, porque el temor no te lleva a ninguna parte. Si uno debe temerle a algo, debiera temerle sólo al miedo mismo. No le temas al sexo ni tampoco luches contra él, porque ésa es también una forma de temor. «Lucha o huye» —lucha o escapa— éstos son dos caminos del miedo. Así es que no huyan del sexo; no luchen contra él. Acéptenlo, denlo por obvio. Entren en él profundamente, conózcanlo en forma total, compréndanlo, mediten en él y lo trascenderán. En el instante en que meditas en el acto sexual, se abre una nueva puerta. Te encuentras con una nueva dimensión, una dimensión muy desconocida, de la que no has oído hablar, y un mayor éxtasis sale a tu encuentro.

Encontrarás un deleite tan grandioso que el sexo resultará irrelevante y se apaciguará por sí sólo. Ahora tu energía no seguirá fluyendo en esa dirección. La energía siempre fluye hacia el éxtasis. Puesto que el éxtasis aparece en el sexo, la energía fluye hacia él; pero si buscas más éxtasis —un éxtasis que trascienda al sexo, que vaya más allá, un éxtasis que sea más pleno, profundo, grande—, la energía, por sí sola, dejará de fluir hacia el sexo.

Cuando el sexo se transforma en una meditación, florece en el amor, y este florecimiento es un paso hacia lo divino. Por esto el amor es divino. El sexo es físico; el amor es espiritual. Y si la flor del amor está presente, aparecerá la oración; seguirá al amor. Ya no estás lejos de lo divino. Estás llegando a casa.

Ahora comienza a meditar en el amor. Éste es el segundo paso. Cuando el momento de la comunión llegue, cuando el momento del amor llegue, comienza a meditar. Entra profundamente en él, toma conciencia de él. Los cuerpos ya no se encuentran. En el sexo, se encontraban los cuerpos; en el amor, se encuentran las almas. Sigue siendo un encuentro, un encuentro entre dos personas.

Ahora, vean al amor tal como han visto al sexo. Vean la comunión, el encuentro interno, la relación interna. Entonces, trascenderás incluso al amor, y llegarás a la oración. Esta oración es la puerta. Sigue siendo un encuentro, pero no un encuentro entre dos personas. Es una comunión que tú estableces con el todo. Ahora el otro, como persona, queda fuera. Es el otro impersonal —la existencia entera— y tú.

Pero la oración sigue siendo un encuentro, así es que también debe ser trascendido al final. En la oración, el devoto y lo divino son diferentes; el *bhakta* y el *bhagwan* son diferentes. Sigue siendo un encuentro. Por esto, Meera, o Teresa, pudieron utilizar términos sexuales al referirse a sus experiencias de oración.

Uno debe meditar en los momentos de devoción. Nuevamente, sé un testigo. Presencia la comunión que estás teniendo con el todo. Esto requiere la conciencia más sutil que resulta posible. Si puedes estar consciente durante tu encuentro con el todo, te trasciendes a ti mismo y al todo, a ambos. En ese momento eres el todo. Y en este todo, no existe dualidad; sólo hay unidad.

Buscas esta unidad a través del sexo, a través del amor, a través de la oración. Es esta unidad lo que anhelamos. Incluso en el sexo, lo que en realidad ansias es la unidad. El éxtasis aparece porque durante un instante eres uno. El sexo se profundiza en el amor, el amor se profundiza en la oración y la oración se profundiza a una trascendencia total, a una unidad total.

Esta profundización siempre se produce a través de la meditación. El método es siempre el mismo. Los niveles difieren, las dimensiones difieren, las etapas difieren, pero el método es el mismo. Ahonda en el sexo y encontrarás el amor. Entrégate profundamente al amor y llegarás a la oración. Ahonda en la oración y te encontrarás con la unidad. Esta unidad es el total, esta unidad es la felicidad, esta unidad es el éxtasis. De modo que es esencial no adoptar una actitud combativa, rebelde. En todo está presente lo divino. Puede estar cubierto, puede estar vestido: deberás desvestirlo.

Encontrarás vestimentas aún más sutiles. Nuevamente, deberás quitarlas. A menos que encuentres la unidad en su desnudez total, no estarás satisfecho, no te sentirás pleno.

En el instante en que te encuentres con el uno desvestido, desnudo, serás uno con él, pues comprobarás que lo desnudo no es otro sino tú mismo. De hecho, todos se buscan a sí mismos a través de los demás. Debemos hallar nuestro propio hogar golpeando la puerta de los demás.

Apenas la realidad se revela, te unificas con ella, porque la diferencia es sólo de ropajes. Las ropas son la barrera, de modo que no puedes desvestir la realidad a menos que tú mismo te desvistas. Por eso la meditación es un arma doble: desviste a la realidad y también te desviste a ti. La realidad queda desnuda; tú quedas desnudo. Y en un momento de total desnudez, de total vacío, te transformas en uno.

Así, por tanto, no estoy en contra del sexo. Eso no significa que esté a favor del sexo. Significa que me inclino por experimentarlo profundamente y descubrir lo que está más allá. El más allá está siempre a tu alcance, pero el sexo corriente es tan abrupto, tan compulsivo e inconsciente que nadie profundiza. Si puedes profundizar, te sentirás agradecido de lo divino por haberte abierto una puerta a través del sexo; sin embargo, si el sexo es abrupto e inconsciente, nunca sabrás que estuviste cerca de algo superior.

Somos tan astutos que hemos creado un falso amor que no surge después del sexo, sino antes. Es algo cultivado, artificial. Por tal motivo sentimos que el amor se pierde cuando el sexo se satisface. El amor fue sólo el preámbulo, y ya deja de ser necesario. Pero el verdadero amor está siempre más allá del sexo; se oculta detrás del sexo. Experimenta el sexo profundamente, medita en él religiosamente y florecerás en un estado mental amoroso.

No estoy contra el sexo ni estoy a favor del amor. También debes trascenderlo. Medita en él y trasciéndelo. Cuando hablo de meditación, me refiero a que debes pasar por ahí totalmente alerta y consciente. No debes experimentarlo de forma ciega e inconsciente. Hay gran éxtasis allí; sin embargo, en tu ceguera, puedes pasarlo por alto. Debes transformar la ceguera: debes llegar a tener los ojos bien abiertos. Si vas con los ojos abiertos, el sexo puede llevarte al camino de la unidad.

La gota puede transformarse en el océano. Ése es el anhelo que hay en el corazón de cada gota. En todo acto, en todo deseo, encontrarás el mismo anhelo. Descúbrelo, síguelo. ¡Es una gran aventura! En la forma en que hoy vivimos, somos inconscientes. Pero todo esto está a su alcance. El camino es arduo, pero no imposible. Fue posible para un Jesús, un Buda, un Mahavir, y es posible para todo el mundo.

Si te abres al sexo con esta intensidad, con este nivel de alerta, con esta sensibilidad, lo trascenderás. No habrá ninguna sublimación, en lo absoluto. Cuando trasciendas, no habrá sexo, ni siquiera sexo sublimado. Habrá amor, plegaria y unidad.

Éstas son las tres etapas del amor: amor físico, amor psíquico y amor espiritual. Y cuando trasciendes los tres niveles, te encuentras con lo divino. Cuando Jesús dijo: «Dios es amor», entregó la definición más cercana que es posible formular, porque lo último que conocemos en el camino hacia Dios es el amor. Más allá de eso está lo desconocido, y lo desconocido no puede definirse. Sólo podemos indicar el camino hacia lo divino a través de nuestra última etapa: el amor. Más allá de ese punto, no hay experiencia, porque ya no eres. ¡La gota se ha transformado en el océano!

Ve paso a paso, pero con una actitud amistosa. Sin tensión, sin lucha. Sólo ve en estado de alerta. La atención es la única luz en la oscura noche de la vida. Intérnate en la oscuridad llevando esta luz. Busca en cada rincón. Lo divino se encuentra en todas partes, así es que no te opongas a nada.

Pero tampoco debes apegarte a nada. Ve más allá, porque te espera un éxtasis aún mayor. El viaje debe continuar. Si estás cerca del sexo, utiliza el sexo. Si estás cerca del amor, utiliza el amor. No pienses en términos de supresión o sublimación; no pienses en términos de lucha. Lo divino puede esconderse detrás de cualquier cosa, de modo que no luches; no huyas de nada. De hecho, se encuentra detrás de todo; así que, dondequiera que estés, atraviesa la puerta más cercana e irás progresando. No te atasques en ninguna parte y llegarás, porque la vida está en todas partes.

Jesús dijo: «Bajo cada piedra está el Señor», pero ustedes sólo ven las piedras. Tendrán que atravesar este estado mental pétreo. Cuando ves al sexo como un enemigo, lo transformas en una piedra. Entonces se vuelve no-transparente; no puedes ver al otro lado. Utilízalo, medita en él, y la piedra será igual que el vidrio. Verás lo que hay detrás y olvidarás el vidrio. Lo que se encuentra detrás del vidrio será lo que recuerdes.

Todo lo que se haga transparente desaparecerá. De modo que no transformes al sexo en una piedra; haz que sea transparente. Y se vuelve transparente a través de la meditación.

Capítulo 4

El yoga kundalini: retornando a las raíces

¿Qué es el yoga kundalini y cómo puede serle de ayuda
al Occidente? ¿Por qué tu método de despertar
la kundalini es caótico y no se asemeja a los métodos
tradicionales y sistemáticos?

La existencia es energía, el movimiento de la energía, de tantas maneras y tantas formas. En lo que respecta a la existencia humana, esta energía es energía kundalini. La kundalini es la energía concentrada del cuerpo humano y de la psique humana.

La energía puede manifestarse o no hacerlo. Puede permanecer como semilla o puede surgir en alguna forma de manifestación. Toda energía se encuentra o en forma de semilla o en alguna forma manifestada. La kundalini se refiere a tu potencial total, a todas tus posibilidades. Sin embargo, es una semilla, es el potencial. Las formas de despertar la kundalini son formas de actualizar tu potencial.

Así es que, en primer lugar, la kundalini no es algo raro, singular. Es sólo energía humana como tal. Pero, generalmente, sólo parte de ella está activa, una parte minúscula. Y ni siquiera esa parte funciona armónicamente: se encuentra en conflicto. Ése es el sufrimiento, la angustia. Si tu energía puede funcionar armónicamente, sientes éxtasis, pero sufres si se encuentra en conflicto, si es antagónica a sí misma. Todo sufrimiento implica que tu energía se halla en conflicto; y toda felicidad, todo éxtasis, significa que tu energía se encuentra en armonía.

¿Por qué la energía es sólo potencial y no se encuentra actualizada? Porque no la necesitamos en nuestra vida cotidiana. Sólo se actualiza aquella parte que es requerida, desafiada. La vida cotidiana no es un desafío para ella, de modo que sólo un fragmento muy pequeño se manifiesta. E incluso este pequeño fragmento que se manifiesta no es armónico, porque tu vida cotidiana no se halla integrada.

Tus necesidades se encuentran en conflicto. La sociedad requiere una cosa y tus instintos requieren algo totalmente opuesto. Los requerimientos sociales y los requerimientos personales se encuentran en conflicto. La sociedad exige ciertas cosas; la moralidad y la religión exigen otras cosas, además. Estos conflictos impiden que el ser humano sea un todo armónico. Lo han fragmentado.

Por la mañana se te pide una cosa; por la tarde se te requiere otra cosa. Tu esposa solicita algo de ti; tu madre te pide algo totalmente opuesto. De esta forma, la vida se transforma día a día en una exigencia conflictiva para ti, y la minúscula parte de tu energía total que se ha manifestado se encuentra en conflicto consigo misma.

También existe otro conflicto. El fragmento que se ha manifestado siempre estará en pugna con la parte que aún no se manifiesta; lo actualizado siempre se encontrará en conflicto con lo potencial. Lo potencial te estará empujando para manifestarse y lo actualizado lo estará reprimiendo.

Para utilizar términos psicológicos, lo inconsciente siempre está en conflicto con lo consciente. Lo consciente tratará de dominar a lo inconsciente, porque siempre existe el peligro de que éste se manifieste. Lo consciente se encuentra controlado, y el potencial, lo inconsciente, no lo está. Puedes manejar lo consciente, pero si el inconsciente explota, estarás inseguro. El control se te escapará. Éste es el temor de lo consciente. Así es que éste es el otro conflicto, mayor y más profundo que el primero: el conflicto entre lo consciente y lo inconsciente, entre la energía ya manifestada y la energía que desea manifestarse.

Estos dos tipos de conflicto son la causa de tu falta de armonía. Y si no estás en armonía, tu energía se vuelve contra ti. La energía necesita movilizarse, y este movimiento siempre se produce desde lo no manifiesto hacia lo manifiesto, desde la semilla hacia el árbol, desde la oscuridad hacia la luz.

Sólo habrá movimiento si no existe represión; si la hay, el movimiento, la armonía, se destruyen; tu energía se transforma en tu enemigo. Te transformas en una casa dividida, llena de antagonismos; te transformas en una multitud. Ya no eres uno, eres muchos.

Ésta es la situación actual de los seres humanos. Pero esto no debiera ser así. Éste es el motivo por el cual existen la fealdad y el sufrimiento. El éxtasis y la belleza sólo surgen cuando tu energía vital se moviliza en forma armónica y relajada: sin represiones, desinhibida; integrada, no fragmentada; no en conflicto consigo misma, sino unificada. Hablamos de kundalini cuando tu energía alcanza esta unidad armónica. Kundalini es sólo una palabra técnica referida a la totalidad de tu energía cuando se encuentra unificada, en movimiento, en armonía, sin conflictos; cuando es cooperativa, complementaria y orgánica. Ahí y entonces hay una transformación, única y desconocida.

Cuando las energías están en conflicto, quieres aliviarlas. Te sientes tranquilo sólo cuando te alivias de tus energías en conflicto, cuando te deshaces de ellas. Pero cuandoquiera que las dispersas, tu energía vital, tu vitalidad, se moviliza hacia abajo o hacia fuera. El movimiento hacia abajo es el movimiento hacia fuera; el movimiento hacia arriba es el movimiento hacia dentro. Cuanto más suben tus energías, más entran; cuanto más bajan, más salen. Si expulsas tus energías en conflicto, te sentirás aliviado; sin embargo, será lo mismo que expulsar tu vida en pedazos, poco a poco. Equivale al suicidio. A menos que nuestra energía vital se unifique y armonice, y el flujo se produzca en forma interna, nuestra actitud es suicida.

Cuando expulsas tu energía, te sientes aliviado; pero el alivio será sólo momentáneo, porque eres una fuente constante de energía. La energía se acumula nuevamente, y nuevamente tendrás que librarte de ella. Lo que de ordinario se conoce como placer es sólo una expulsión de energías en conflicto. El que experimentes placer implica que te estás librando de una carga. La connotación de ello es siempre negativa, nunca positiva. Pero el éxtasis es positivo. Viene sólo cuando tus energías se realizan.

Cuando tus energías no son expulsadas, sino que florecen internamente; cuando te pones de su parte, cuando no tienes conflicto con ellas, entonces hay un movimiento hacia dentro. Ese movimiento es interminable. Se profundiza cada vez más, y cuanto más se profundiza, más deleite y éxtasis te trae.

Así es que la energía puede tener dos posibilidades. La primera es sólo un alivio, una expulsión de energías que se han transformado en un agobio para ti, que no pudiste utilizar, que no pudiste usar creativamente. Este estado mental es *antikundalini*.

El estado habitual de los seres humanos es *antikundalini*. La energía se moviliza desde el centro hacia la periferia, porque esa es la dirección en que tú te mueves. La kundalini alude al polo opuesto. Las fuerzas, las energías, se movilizan desde la periferia hacia el centro.

El movimiento interno, el movimiento hacia el centro, produce felicidad, mientras que el movimiento hacia fuera produce tanta felicidad como sufrimiento. Habrá felicidad momentánea y sufrimiento permanente. La felicidad vendrá sólo a ratos. Sólo cuando tengas esperanzas, sólo cuando tengas expectativas, podrás sentir felicidad. El resultado efectivo, concreto, es siempre sufrimiento.

La felicidad está en la expectativa, en la esperanza, en los deseos, en los sueños. Sólo te has liberado de tu carga; la felicidad es totalmente negativa. No sentirás felicidad como tal, sino sólo como la ausencia momentánea del sufrimiento. Esa ausencia se confunde con la felicidad.

Estás creando constantemente nuevas energías. Ésa es la vida: la capacidad de seguir produciendo fuerza vital. En el momento en que la capacidad desaparece, estás muerto. Esa es la paradoja: creas y creas energía, y no sabes qué hacer con ella. Cuando la creas, la expulsas; cuando no la creas, sufres y te sientes enfermo.

Cuando no produces fuerza vital, te sientes enfermo; cuando sí la produces, te sientes nuevamente enfermo. La primera enfermedad se manifiesta como debilidad, y la segunda es el agobio que representa la energía para ti. No eres capaz de armonizarla, de hacerla creativa, de convertirla en éxtasis. La has creado y no sabes qué hacer con ella, de modo que la expulsas. Luego vuelves a crear energía. Esto es absurdo, pero este absurdo es lo que comúnmente llamamos existencia humana: la constante creación de energía; el que ésta siempre llegue a transformarse en una carga, una molestia; el que siempre debas estar librándote de ella.

Por este motivo el sexo ha llegado a ser tan importante, tan significativo: porque es una de las formas más poderosas de librarte de tu energía. Si la sociedad llega a ser opulenta, abundante, tendrás más posibilidades para crear energía. Entonces te sexualizas más, porque tienes más tensiones que aliviar.

Hay una creación y una expulsión constante de energía. Si eres suficientemente inteligente, suficientemente perceptivo, sentirás el absurdo de ello, la total insensatez de todo. Entonces, sentirás la falta de propósito de la vida. ¿Eres sólo un instrumento para crear y expulsar energía? ¿Cuál es el significado de esto? ¿Para qué existir? ¿Sólo para ser un instrumento en el cual la energía se crea y se expulsa? Así es que, cuanto más perceptiva es una persona, más siente la falta de significado de la vida que llevamos comúnmente.

La kundalini implica cambiar esta situación absurda por una más significativa. La ciencia de la kundalini es una de las ciencias más sutiles. Las ciencias físicas también se preocupan de la energía, pero de la energía material, no de la psíquica. El yoga se preocupa de la energía psíquica. Es una ciencia de lo metafísico, de aquello que es trascendental.

Tal como la energía material de la que se preocupa la ciencia, esta energía psíquica puede ser creativa o destructiva. Si no es utilizada, resulta destructiva; si es utilizada, resulta creativa. Pero también puede utilizársela de forma no creativa. La forma de hacerla creativa es, primero, comprender que no debieras realizar sólo parte de tu potencial. Si realizas una parte de ti y no realizas la mayor parte, la restante, tendrás una situación que no puede ser creativa.

Debes realizar la totalidad; todo tu potencial debe ser actualizado. Existen métodos para realizar el potencial, para actualizarlo, para despertarlo. Éste se encuentra dormido, como una serpiente. Por eso se le ha denominado kundalini: el poder de la serpiente, una serpiente dormida.

Si alguna vez has visto dormir a una serpiente, tendrás la imagen exacta. Está enrollada, no hay movimiento alguno. Pero una serpiente puede alzarse, recta sobre su cola. Se endereza con su propia energía. Por ello se eligió la serpiente como símbolo. Tu energía vital está también enrollada y dormida. Pero puede enderezarse; puede despertar, con todo su potencial actualizado. Entonces te habrás transformado.

La vida y la muerte son sólo dos estados de la energía. La vida significa energía activa; muerte significa que la energía está inmóvil. Vida significa energía despierta; muerte significa energía dormida. Así es que, de acuerdo con el yoga kundalini, estás, habitualmente, sólo parcialmente vivo. La parte de tu energía que ha sido actualizada es lo que en ti está vivo. La parte restante está tan dormida que es igual que si no existiera.

Pero puede despertársele. Existen gran cantidad de métodos por medio de los cuales el yoga kundalini trata de actualizar el potencial. Por ejemplo, el *pranayama* (control de la respiración) es uno de los métodos para sacudir la energía que duerme. Podemos usar la respiración como despertador, porque la respiración es el puente entre tu energía vital —tu *prana*, la fuente original de tu vitalidad— y tu existencia presente. Es el puente entre el potencial y lo actualizado.

En cuanto cambias tu forma de respirar, tu sistema energético total también cambia. Cuando duermes, tu respiración cambia. Cuando estás despierto, tu respiración cambia. Cuando estás enojado, tu respiración es diferente; cuando estás enamorado, tu respiración es diferente; cuando experimentas pasión sexual, tu respiración es diferente. En cada estado mental se encuentra una cualidad particular de la vida, así es que tu respiración se modifica paralelamente.

Cuando estás enojado, necesitas más energía en la periferia. Si te encuentras en peligro, si tienes que atacar o defenderte, necesitas más energía en la periferia. La energía se precipitará desde el centro.

Te sientes agotado después del acto sexual, pues expulsas una gran cantidad de energía de tu cuerpo. Y también después de sentir ira te hallarás exhausto. Pero después de un momento de amor no te sentirás exhausto. Te sentirás fresco. Después de orar te sentirás fresco. ¿Por qué ocurre lo contrario? Cuando experimentas un momento de amor, no necesitas energía en la periferia, porque no hay peligro alguno. Estás a tus anchas, relajado, de modo que el flujo de energía es interno. Cuando la energía fluye internamente, te sientes fresco.

Después de respirar profundamente, te sentirás fresco, porque la energía fluye hacia dentro. Cuando la energía fluye hacia dentro, te sientes vitalizado, pleno; sientes bienestar.

Otro aspecto a tener en cuenta: cuando la energía se dirige hacia dentro, tu respiración comienza a tener una cualidad diferente. Será relajada, rítmica, armónica. Habrá momentos en que no la sentirás en absoluto, en que te parecerá que se ha detenido. ¡Llega a ser tan sutil! Puesto que no se requiere energía, la respiración se detiene. En el *samadhi*, en el éxtasis, se siente que la respiración se ha detenido totalmente. No es necesario que la energía fluya hacia el exterior, así es que la respiración se vuelve innecesaria.

A través del *pranayama*, esta energía potencial en tu interior se despierta sistemáticamente. También puede ser tocada a través de los asanas (posturas del yoga), porque cada parte de tu cuerpo se halla conectada a la fuente de energía. De modo que toda postura tiene un efecto correspondiente en la fuente de la energía.

La postura que Buda adoptaba se llama *padmasana*, la postura en loto. Es una de las posturas en que se necesita la menor cantidad de energía. Si te sientas derecho, la posición es tan equilibrada que llegas a ser uno con la tierra. No hay un tirón gravitacional. Y si tus manos y pies se encuentran en posición tal que se forme un circuito cerrado, la electricidad vital fluirá en un circuito. La postura de Buda es redonda. La energía circula, no es expulsada.

La energía siempre sale a través de los dedos, manos o pies. Sin embargo, la energía no puede salir a través de una forma redonda. Por eso las mujeres son más resistentes a las enfermedades y viven más tiempo que los ser humanos. Cuanto más redondeado sea el cuerpo, menor será la cantidad de energía que fluya hacia fuera.

Las mujeres no se agotan tanto después del acto sexual porque su órgano es de forma redonda y absorbente. Los hombres se agotan más. La forma de su sexo determina que expulsen más energía. No sólo energía biológica, sino también energía psíquica.

Todas las puertas de salida de energía se superponen unas a otras en el *padmasana*, de modo que la energía no puede salir. Los pies están cruzados, las manos tocan los pies y los pies tocan el centro sexual. La postura es tan erecta que el tirón gravitacional no se manifiesta. En esta postura, uno puede olvidarse totalmente del cuerpo, porque la energía vital no está fluyendo hacia el exterior. Los ojos también deben estar cerrados o entrecerrados y los globos oculares quietos, porque también por los ojos se expulsa gran cantidad de energía.

Aun en sueños, expulsas mucha energía a través de los movimientos oculares. De hecho, una forma de saber si una persona está soñando o no es colocarle los dedos sobre los ojos. Si se mueven, significa que está soñando. Despiértenlo y lo confirmarán. Si los ojos no se mueven, se encuentra profundamente dormida, sin sueño onírico, *sushupti*. Toda la energía va hacia dentro y nada sale.

Los asanas, el *pranayama*: hay tantos métodos para hacer fluir las energías hacia dentro. Cuando fluyen hacia dentro se unifican, porque en el centro no puede haber más de uno. Así es que cuanta más energía fluye hacia el interior, mayor es la armonía. El conflicto desaparece. En el centro no existe conflicto. Hay una unidad orgánica del todo. Es por eso que se siente éxtasis.

Otra cuestión: los asanas y el *pranayama* son medios corporales. Son importantes, pero sólo son recursos físicos. Si tu mente está en conflicto, no te servirán de ayuda, porque cuerpo y mente no son, en realidad, dos cosas separadas. Son dos partes de una misma cosa. No eres cuerpo y mente: eres cuerpo-mente. Eres psico-somático o somato-psíquico. Hablamos del cuerpo como una cosa y de la mente como algo diferente, pero cuerpo y mente son dos polos de una misma energía. El cuerpo es tosco y la mente es sutil, pero la energía es la misma.

Debemos trabajar desde ambas polaridades. Para el cuerpo tenemos el Hatha yoga: asanas, *pranayama*, etcétera; para la mente, tenemos Raga yoga y otros yogas destinados principalmente a nuestras actitudes mentales.

Cuerpo y mente son una sola energía. Por ejemplo, si logras controlar tu respiración cuando estés enojado, la ira desaparecerá. Si puedes seguir respirando rítmicamente, la ira no podrá subyugarte. Del mismo modo, si mantienes una respiración rítmica, la pasión sexual no podrá dominarte. Estará aún presente, pero no llegará a manifestarse. Nadie sabrá que está allí. Ni siquiera tú lo sabrás. Así pues, el sexo puede ser suprimido, la ira puede ser suprimida. Por medio de la respiración rítmica podrás suprimirlos en tal grado que ni siquiera tú estarás consciente de su presencia. Pero la ira o el sexo estarán aún allí. El cuerpo los ha suprimido, pero permanecen dentro, incólumes.

Debemos trabajar tanto con el cuerpo como con la mente. El cuerpo debiera ser entrenado por medio de la metodología yoga y la mente a través del darse cuenta, del tomar conciencia. Necesitarás más conciencia si practicas el yoga, porque todo será más sutil. Si estás enojado, por lo general puedes tomar conciencia de tu ira, pues es tan obvia. Pero si practicas *pranayama*, necesitarás una sensibilidad más penetrante para tomar conciencia de la ira, porque ahora la ira será más sutil. El cuerpo ya no está cooperando con ella, así es que no se expresará en el plano físico.

Si las personas practican técnicas de darse cuenta y simultáneamente practican métodos yogas, conocerán niveles más profundos de conciencia. De otra forma, sólo tomarán conciencia de lo grueso. Si cambias lo grueso pero no lo sutil, te encontrarás en una disyuntiva. Ahora el conflicto se manifiesta de una nueva forma.

El yoga es útil, pero sólo es una parte. La otra parte es lo que Buda llama «atención». Practiquen yoga de modo que el cuerpo vaya al mismo ritmo y coopere con sus movimientos internos, y practiquen simultáneamente la atención.

Estén atentos a la respiración. En el yoga deben modificar el proceso respiratorio. En la atención deben tomar conciencia de la respiración tal como es. Deben limitarse a tomar conciencia de ella. Si logran tomar conciencia de su respiración, podrán tomar conciencia de su proceso mental; de otro modo no.

Aquellos que intentan tomar conciencia de su proceso mental en forma directa, no serán capaces de hacerlo. Les resultará muy arduo y tedioso. La respiración es la puerta hacia la mente. Si detienen su respiración tan sólo por un instante, sus pensamientos también se detendrán. Cuando la respiración se interrumpe, el proceso de pensamientos se interrumpe. Si sus pensamientos son caóticos, su respiración será caótica. La respiración es un reflejo paralelo de su proceso mental.

Buda habla de *anapanasati*: el yoga de tomar conciencia del aire que entra y sale. Él dice: «Comiencen desde aquí». Y ahí es desde donde se debe empezar. Debiéramos partir desde la respiración, nunca desde el proceso mental mismo. Sólo cuando logren sentir los movimientos sutiles de la respiración serán capaces de sentir los movimientos sutiles del pensamiento.

La conciencia del proceso mental traerá un cambio cualitativo a su mente; los asanas y el pranayama cambiarán la cualidad de su cuerpo. Llegará entonces el momento en que cuerpo y mente se unifiquen, sin ningún conflicto. Cuando se sincronizan, ya no eres ni cuerpo ni mente. Por primera vez, te reconoces como el Yo. Trasciendes.

Sólo puedes trascender cuando no hay conflicto. En este momento de armonía en que cuerpo y mente son uno sólo, sin conflicto, los trasciendes a ambos. No eres ninguno de los dos. Ahora eres nada, en el sentido de ser ninguna cosa. Eres simple conciencia. No consciente de algo, sino sólo conciencia en sí.

Esta conciencia, sin estar consciente de algo, es el momento de la explosión. Tu potencial se actualiza. Explotas a un nuevo ámbito: lo supremo. Este ámbito es lo que mueve a todas las religiones.

Existen tantas formas de alcanzar lo supremo. Podemos hablar o no hablar acerca de la kundalini; no importa. Kundalini es sólo una palabra. Pueden usar otra. Sin embargo, aquello a lo que se refiere la palabra kundalini debe necesariamente estar presente, de un modo u otro, como flujo interno de energía.

Este flujo interno es la única revolución, la única libertad que puedes alcanzar. De otra forma, seguirás creando infiernos, pues cuanto más te centras en lo externo, más te alejas de ti; y cuanto más te alejes de ti, más enfermo y mórbido estarás.

La kundalini es la fuente original de toda vida; sin embargo, te encuentras separado de ella de muchas maneras. Has llegado a ser un extraño para ti mismo y no sabes cómo regresar a casa. Este regreso a casa es la ciencia del yoga. En cuanto a transformación humana, el yoga kundalini es la ciencia más sutil.

Has preguntado por qué los métodos tradicionales son sistemáticos y el mío es caótico. Los métodos tradicionales son sistemáticos porque fueron desarrollados para la gente de tiempos pasados, que era diferente de nosotros. El ser humano moderno es un fenómeno de muy reciente aparición. Ningún método tradicional puede ser utilizado tal como está, porque el ser humano moderno nunca existió antes. Así es que, en cierto modo, todos los métodos tradicionales han dejado de tener vigencia.

El cuerpo, por ejemplo, ha cambiado mucho. No es tan natural ahora como en los días en que Patanjali desarrolló su sistema del yoga. Es absolutamente diferente. Se encuentra tan drogado que ningún método tradicional podrá serle útil.

En el pasado se les prohibía la medicina a los hatha yoguis; se les prohibía totalmente, porque los cambios químicos no sólo dificultaban el empleo de los métodos, sino que estos resultaban dañinos en esas condiciones. Sin embargo, todo es artificial ahora: el aire, el agua, la sociedad, la condición en que vivimos. Nada es natural. Naces en medio de la artificialidad y creces rodeado por ella. Así pues, los métodos tradicionales resultarían dañinos si se los utiliza ahora. Se los debe adaptar a la situación moderna.

Otra cosa: la cualidad de la mente ha cambiado en forma fundamental. En los tiempos de Patanjali, el centro de la personalidad humana no era el cerebro, sino el corazón. Y antes de eso, no era ni siquiera el corazón. Era aún más abajo, cerca del ombligo. El Hatha yoga desarrolló métodos útiles, valiosos, para aquel cuyo ombligo era el centro de su personalidad. Luego, el centro llegó a ser el corazón. Sólo entonces pudo utilizarse el Bhakti yoga. El Bhakti yoga se desarrolló en la Edad Media, porque fue entonces cuando el centro de la personalidad se desplazó desde el ombligo hacia el corazón.

Un método debe variar de acuerdo con la persona a la cual se le aplica. Ahora ni siquiera el Bhakti yoga es apropiado. El centro se ha alejado aún más del ombligo. Ahora el centro es el cerebro. Por eso enseñanzas como las de Krishnamurti tienen atractivo. No necesitas método, no necesitas técnica: sólo comprensión. Pero si es sólo una comprensión verbal, intelectual, nada cambia, nada se transforma. Todo resulta en una acumulación de conocimiento.

Yo utilizo métodos caóticos en vez de los sistemáticos, porque un método caótico resulta muy efectivo para hacer descender el centro desde el cerebro. Con ningún método sistemático podremos bajar el centro, porque la sistematización es trabajo cerebral. Con un método sistemático el cerebro se fortalece: tendrá más energía.

Con un método caótico el cerebro se anula. No tiene nada que hacer. El método es tan caótico que el centro baja automáticamente al corazón[3]. Si practicas mi método de la Meditación dinámica en forma vigorosa, no sistemática, caótica, tu centro baja al corazón. Entonces habrá una catarsis. La catarsis es necesaria, puesto que el cerebro ha reprimido tanto al corazón. Tu cerebro ha tomado un lugar prominente, dominante, en tu ser. No queda lugar para el corazón, de modo que los anhelos del corazón se reprimen. Nunca has reído de corazón, nunca has vivido con el corazón, nunca has hecho nada de corazón. Siempre interviene el cerebro para sistematizar, para hacer que todo calce en una ecuación matemática, y el corazón es sofocado.

Así es que, en primer lugar, necesitamos un método caótico para hacer que la conciencia baje, desde el cerebro hasta el corazón. Luego, será necesaria una catarsis para aliviar al corazón, para eliminar las represiones que pesan sobre él, para abrirlo. Si el corazón se alivia y libera, el centro de la conciencia bajará aún más: llega al ombligo, y sólo cuando llega al ombligo les pido que se pregunten: «¿Quién soy?». De otro modo no tiene sentido. Así que el método de Raman Maharshi no podría resultar muy eficaz, pues él preguntaba directamente: «¿Quién soy?». Entonces el cerebro pregunta: «¿Quién soy?». El intelecto pregunta: «¿Quién soy?», y el intelecto es muy astuto: pregunta y da la respuesta. Pregunta: «¿Quién soy?», y hay una respuesta almacenada en la memoria: «Soy el alma, soy el Brahmán...». Te proporciona ambas. Juega la partida desde ambos lados, y aunque es absurdo, no se puede evitar.

Con este método, Ramana podía conseguirlo porque su centro de conciencia era el ombligo, no el cerebro. No era un ser humano cerebral. En cierto sentido, era de los seres más antiguos, de los más antiguos. No era de esta época, no era contemporáneo. Su centro era el ombligo. Pero si pide a otros que pregunten: «¿Quién soy?», pierde el sentido, porque el centro es diferente. Preguntarán a través del cerebro y él mismo responderá. Sólo si preguntas: «¿Quién soy?» cuando tu conciencia está en el ombligo, impedirás que el cerebro proporcione la respuesta. No puede traspasar el corazón. No puede ir al ombligo, no hay camino. Pero si la conciencia está en el ombligo y preguntas: «¿Quién soy?», entonces hay pregunta pero no respuesta. Entonces la pregunta penetra más y más y

---

3   La Meditación dinámica Osho y otras técnicas ideadas por Osho se comentan en detalle en el libro *Meditación: la primera y última libertad,* del propio Osho. Para más información sobre este título y sobre otras meditaciones activas Osho, visita www.osho.com/meditation.

más, y llega un momento en el que la pregunta cae. Ya no existe. Cuando la pregunta ya no existe, es la respuesta. Nunca son simultáneas. Si son simultáneas —ésta es la pregunta y ésta la respuesta—, entonces es un trabajo del cerebro. Si la pregunta está muerta, ya no existe, y llega la respuesta, entonces es trabajo del ombligo. Es una cuestión muy distinta. Viene de la fuente, la fuente de la vitalidad. El ombligo es la fuente de la vitalidad, la fuente original de la cual surge todo el resto: el cuerpo, la mente y todo.

Utilizo este método caótico de forma muy deliberada. Un método sistemático no será fructífero, porque el cerebro lo utilizará como su propio instrumento. Tampoco cantar *bhajans* puede ser provechoso en la actualidad, porque el corazón se encuentra tan agobiado que no puede florecer en un verdadero canto. El canto sólo puede ser una evasión para el corazón: la oración sólo puede ser una evasión. El corazón no puede florecer en la oración, pues se encuentra sobrecargado de represiones. Nunca he visto una sola persona que pueda entrar profundamente en una auténtica plegaria. La plegaria es un imposible, porque el amor en sí ha llegado a transformarse en un imposible.

Debemos centrar la conciencia más abajo: hacia la fuente, hacia las raíces. Sólo entonces será posible una transformación. Así que utilizo métodos caóticos para que la conciencia baje desde el cerebro.

Cada vez que te encuentras en medio del caos, el cerebro deja de funcionar. Por ejemplo, si conduces un auto y repentinamente se te cruza alguien en el camino, tu reacción es tan rápida que no puede emanar del cerebro. El cerebro demora. Piensa en qué hacer y en qué no hacer. Así es que cuando exista la posibilidad de un accidente y aprietes el freno, sentirás una sensación cerca del ombligo, como si fuese el estómago el que reacciona. En esta circunstancia, tu conciencia baja al ombligo. Si el accidente pudiera ser calculado en forma anticipada, el cerebro sería capaz de enfrentarlo; sin embargo, cuando estás en esa situación, algo desconocido ocurre. Entonces verás que tu conciencia se ha movilizado hacia el ombligo.

Si le preguntas a un monje zen: «¿Con qué piensa usted?», él pondrá las manos en su abdomen. Cuando los occidentales conocieron por primera vez a los monjes japoneses, no podían comprenderlos. «¡Qué absurdo! ¿Cómo puede pensar usted con su estómago?» Pero la respuesta zen tiene sentido. La conciencia puede utilizar cualquier centro del cuerpo; y el centro que se encuentra más próximo a la fuente original es el ombligo. El cerebro está muy lejos de la fuente original: así, si la energía vital se moviliza hacia fuera, el centro de la conciencia será el cerebro. Y si la energía vital se moviliza hacia dentro, finalmente será el ombligo el centro.

Necesitamos métodos caóticos para bajar la conciencia hasta sus raíces, porque sólo desde las raíces es posible la transformación. De otra forma, seguirás verbalizando y no habrá transformación. No basta con saber lo que es correcto. Debes transformar las raíces; de otra forma no cambiarás.

Cuando una persona sabe lo que es correcto y no puede hacer nada por alcanzarlo, se tensa doblemente. Comprende, pero no puede hacer nada. La comprensión es valiosa sólo cuando surge del ombligo, de las raíces. La comprensión que surge de tu cerebro no te transformará.

Lo supremo no puede ser conocido a través del cerebro, porque cuando funcionas a través del cerebro estás en conflicto con tus propias raíces. Todo tu problema consiste en que te has alejado del ombligo. Vienes del ombligo y morirás a través de él. Debemos regresar a las raíces. Sin embargo, regresar es difícil y laborioso.

El yoga kundalini se interesa por la energía vital y su flujo interno. Se interesa por las técnicas que llevarán al cuerpo y a la mente a un punto en que sea posible trascender. En ese punto, todo cambia. El cuerpo es diferente; la mente es diferente; la vida es diferente. Es vida, simplemente.

Una carreta de bueyes aún presta utilidad, pero ya no es necesario utilizarla. Ahora conduces un automóvil, así es que no puedes emplear la técnica que se usaba con la carreta de bueyes. Esa técnica era útil con la carreta, pero no tiene sentido intentar utilizarla con el automóvil.

Los métodos tradicionales tienen su atractivo: son tan antiguos, tantas personas se han liberado a través de ellos en el pasado. Pueden haber perdido vigencia para nosotros, pero fueron muy efectivos para Buda, Mahavir, Patanjali o Krishna. Fueron significativos, útiles. Los viejos métodos pueden no tener sentido ahora, pero conservan su atractivo porque Buda lo logró con su ayuda. El tradicionalista reflexiona: «Si Buda se realizó con estos métodos, ¿por qué no me servirían a mí?». Sin embargo, nos encontramos ahora en una situación totalmente diferente. El medio, la mentalidad, han sufrido un cambio radical. Cada método corresponde a una situación particular, a una mente particular, a un ser humano particular.

El polo opuesto lo representa Krishnamurti. Él niega la validez de todos los métodos. Sin embargo, para hacer eso, debe negar a Buda. Es la otra cara de la misma moneda. Si desestimas los métodos, debes negar a Buda; y si no niegas a Buda, no puedes desestimar sus métodos.

Éstos son extremos. Los extremos siempre se equivocan. No puedes negar una falsedad adoptando una posición totalmente opuesta, porque el extremo opuesto también será una falsedad. La verdad siempre se encuentra en el medio. Para mí, por tanto, el que los viejos métodos no den resultado no significa que ningún método sea útil. Sólo implica que los métodos deben cambiar.

Incluso el no-método es un método. Es posible que para alguien sólo el no-método sea un método. Un método siempre es verdadero respecto a una persona particular; nunca es general. Cuando las verdades se generalizan, se transforman en falsedades. Así, por tanto, cuandoquiera que se desee utilizar algo o decir algo, esto debe ir dirigido a ese ser humano particular: a su atención, a su mente, a él y a ningún otro.

Ahora esto también se ha transformado en una dificultad. Antiguamente siempre existía una relación personal entre un maestro y un discípulo. Era una relación personal y una comunicación personal.

Hoy en día es siempre impersonal. Hay que hablarle a una muchedumbre, así es que es necesario generalizar. Pero las verdades generalizadas se transforman en falsedades. Algo es significativo sólo para una persona determinada.

Yo me enfrento diariamente con esta dificultad. Si tú te acercas y me preguntas algo, te respondo a ti y a nadie más. En otra ocasión alguna otra persona me pregunta algo, y le respondo a él y a nadie más. Estas dos respuestas pueden incluso contradecirse, porque las dos personas que han preguntado pueden ser opuestas. Así, si quiero ayudarte, debo hablarte a ti directamente. Y si le hablo específicamente a cada individuo, deberé decir muchas cosas contradictorias.

Cualquier persona que generalice al hablar puede ser consistente, pero entonces la verdad se vuelve falsa, pues cada frase que sea cierta está, obligatoriamente, destinada a una persona particular. Por supuesto, la verdad es eterna —nunca es nueva, nunca es vieja—, pero la verdad es la comprensión, el final. Los medios son siempre apropiados o inapropiados para una persona determinada, para una mente determinada, para una actitud determinada.

Tal como yo veo la situación, el ser humano moderno ha cambiado tanto que necesita nuevos métodos, nuevas técnicas. Los métodos caóticos pueden serle útiles a la mente moderna, porque la mente moderna es, en sí, caótica. Este caos, esta rebeldía del ser humano moderno es, de hecho, una rebelión de otras cosas: del cuerpo contra la mente y contra sus represiones. Si hablamos de esto en términos yogas, podemos decir que es la rebelión del centro del corazón y del centro del ombligo contra el cerebro. Estos centros se oponen al cerebro porque el cerebro ha monopolizado todo el territorio del alma humana. Esto ya resulta intolerable. Por eso las universidades se han transformado en centros de rebelión. Esto no es casualidad. Si concebimos toda la sociedad como un cuerpo orgánico, la universidad será la cabeza, el cerebro.

La rebeldía de la mente moderna la hace sentirse atraída por los métodos caóticos y desarticulados. La Meditación dinámica ayudará a alejar del cerebro el foco de la conciencia. La persona que la utilice nunca será rebelde, porque el motivo de la rebelión se verá satisfecho. Se encontrará en paz.

Para mí, por tanto, la meditación no es sólo una salvación para el individuo, una transformación para el individuo; también puede proporcionar la base para la transformación de toda la sociedad, del ser humano como tal. El ser humano tiene dos alternativas: suicidarse o transformar su energía.

Capítulo 5

Juegos esotéricos: un obstáculo para el crecimiento

¿Existe separación entre cuerpo y mente, materia y conciencia, lo físico y lo espiritual? ¿Cómo podemos trascender al cuerpo y a la mente para alcanzar la conciencia espiritual?

Lo primero que hay que entender es que la división entre cuerpo y mente es totalmente falsa. Si partes con esa división no llegarás a ninguna parte; una partida falsa no lleva a ningún lado. Nada lograrás por ese camino, porque cada paso tiene su propia evolución lógica. El segundo paso se basa en el primero, el tercero surge del segundo, y así sucesivamente. Existe una secuencia lógica. Así es que, al dar el primer paso, eliges todo un camino.

El primer paso es más importante que el último, el comienzo es más importante que el final, porque el final es sólo un resultado, una consecuencia. Sin embargo, siempre nos preocupa el final, nunca el principio; siempre nos preocupan los resultados, nunca los medios. El final ha llegado a significar tanto para nosotros que hemos perdido de vista la semilla, el principio. Así, podremos seguir soñando, pero nunca alcanzaremos lo real.

Para cualquier buscador, este concepto de una persona dividida, de una existencia dual —cuerpo y mente, lo físico y lo espiritual—, es un paso en falso. La existencia se encuentra unificada; toda división es producto de la mente. La forma en que la mente percibe las cosas es la que crea la dualidad. Es la prisión de la mente la que crea la división.

La mente no puede hacer otra cosa. Es difícil que ella conciba que dos contrarios son uno, que dos polaridades opuestas son una. La mente tiene una compulsión, una obsesión por ser consistente. No puede imaginar que la luz y la oscuridad sean una sola. Es algo inconsistente, paradójico.

La mente debe crear opuestos: Dios y el diablo, vida y muerte, amor y odio. ¿Cómo podemos concebir que amor y odio son la misma energía? Es difícil que la mente logre eso. Así, la mente divide. Entonces el problema desaparece. El odio es el opuesto del amor, y el amor es el opuesto del odio. Ahora eres consistente y la mente se tranquiliza. Así, la división es una conveniencia de la mente: no es una verdad, no es una realidad.

Es conveniente dividirse en dos: el cuerpo y tú. Sin embargo, cuando divides, das un paso equivocado. A menos que vuelvas atrás y cambies tu primer paso, puedes vagar durante vidas enteras y no lograrás nada, porque un paso en falso conduce a más pasos en falso. Así pues, comiencen bien desde el principio. Recuerden que ustedes y su cuerpo no son dos, que dos es sólo una conveniencia. Uno es suficiente, al menos en cuanto a lo que la existencia respecta.

La división en dos es artificial. En realidad, siempre sientes que eres uno; sin embargo, apenas comienzas a pensar acerca de ello, surge el problema. Cuando tu cuerpo te duele, no se te ocurre sentir que eres dos. Sientes que eres uno con tu cuerpo. Divides después, cuando te pones a pensar en el asunto.

En el momento presente, no hay división. Por ejemplo, si alguien te pone un puñal contra el pecho, desaparece la división. No piensas que esa persona te va a matar el cuerpo; piensas que va a matarte a ti. Sólo puedes dividir posteriormente, cuando el hecho ya es un recuerdo. Ahora puedes mirar las cosas, pensar acerca de ellas. Puedes afirmar que ese hombre iba a matar tu cuerpo. Pero no pudiste decir eso en el momento mismo en que todo ocurrió.

Siempre que sientes, sientes unidad. Siempre que piensas, te pones a dividir. Surge la enemistad. Si no eres el cuerpo, se origina una lucha. Aparece la pregunta: «¿Quién es el amo? ¿El cuerpo o yo?». El ego se siente amenazado. Comienzas a reprimir al cuerpo. Y cuando reprimes al cuerpo, te reprimes a ti mismo; cuando luchas contra tu cuerpo, luchas contra ti mismo. Así que de esto surge mucha confusión. Se transforma en algo suicida.

Incluso si lo intentas, no podrás reprimir totalmente al cuerpo. ¿Cómo podría eliminar mi mano izquierda con mi mano derecha? Parecen ser dos, pero en ambas fluye la misma energía. Si realmente fueran dos, la represión sería posible —y no sólo la represión: la destrucción total también lo sería—, pero si la misma energía fluye en ambas, ¿cómo puedo suprimir mi mano izquierda? Esto es ficticio. Puedo dejar que mi mano derecha doblegue a mi mano izquierda y pretender que mi mano derecha ha ganado; sin embargo, al minuto siguiente podré levantar la mano izquierda sin que nada pueda detenerla. Éste es el juego en que participamos. Y sigue y sigue. A veces doblegas al sexo, y otras veces el sexo te doblega a ti. Se transforma en un círculo vicioso. Nunca podrás suprimir al sexo. Puedes transformarlo, pero nunca podrás suprimirlo.

Si partes de la base de una separación entre tú y tu cuerpo, desembocarás en una represión. Si buscas la transformación, no debieras comenzar dividiendo. La transformación sólo puede surgir de una comprensión del todo como un todo: la represión surge del equívoco de considerar que el todo está formado por partes separadas. Si sé que las dos manos son mías, el esfuerzo por suprimir una de ellas resulta absurdo. La pugna resulta absurda, porque ¿cuál debe suprimir a cuál? ¿Quién debe luchar contra quién? Si puedes sentirte a gusto con tu cuerpo, habrás dado el primer paso que será el correcto. Entonces no habrá división ni represión.

El separarte de tu cuerpo producirá automáticamente una variedad de consecuencias. Cuanto más reprimas al cuerpo, más frustrado te verás, porque suprimirlo es imposible. Puedes lograr una tregua momentánea, pero luego te verás nuevamente derrotado. Y cuanto más te frustres, mayor será la división, más amplia será la brecha que te separa de tu cuerpo. Te sentirás cada vez más hostil a su respecto. Creerás que el cuerpo es muy fuerte y que es por eso que no eres capaz de suprimirlo. Concluirás: «¡Tendré que luchar con más ímpetu!».

Por esto digo que todo tiene su propia lógica. Si partes de una premisa equivocada, podrás seguir hasta el final sin llegar nunca a ninguna parte. Toda lucha te conducirá a otra lucha. La mente siente: «El cuerpo es fuerte y yo soy débil. Debo reprimirlo más». O bien: «Ahora debo debilitar mi cuerpo». Toda austeridad es sólo un esfuerzo por debilitar al cuerpo. Pero cuanto más debilites al cuerpo, más te debilitas a ti mismo. La misma fuerza relativa se mantiene siempre entre tú y tu cuerpo.

Al debilitarte te sientes más frustrado, porque ahora es más fácil derrotarte. Y no hay nada que puedas hacer al respecto: cuanto más te debilitas, menos posibilidades tienes de enfrentar con éxito las exigencias del cuerpo y más tienes que luchar en su contra.

Por tanto, lo primero es no pensar en términos de una división. Esta división — físico y espiritual, material y mental, conciencia y materia— es sólo una falacia lingüística. El lenguaje crea todo este absurdo.

Por ejemplo, si ustedes dicen algo, deberé responder «sí» o «no». No existe la actitud neutral. «Sí» es siempre absoluto; «no» es también absoluto. No existe ninguna palabra neutral en ningún idioma. Así pues, De Bono acuñó una nueva palabra: «*po*». Afirma que «*po*» debiera utilizarse como palabra neutral. Significa: «He escuchado su punto de vista y no le respondo ni «sí» ni «no».

Usen «*po*», y todo cambia. «*Po*» es una palabra artificial que De Bono tomó de hipótesis o posibilidad o poesía. Es una palabra neutral que no implica evaluación, ni condenación, ni apreciación, ni compromiso; ni a favor ni en contra. Si alguien lo insulta, responda «po». Luego, sienta la diferencia en su interior. Una sola palabra puede producir tanta diferencia. Cuando dices «*po*», estás diciendo: «Lo he escuchado. Ahora sé que esta es su opinión respecto a mí. Puede tener razón; puede estar equivocado. No me pronuncio».

El lenguaje crea la división. Incluso los grandes pensadores crean lingüísticamente cosas que no existen. Si les preguntas: «¿Qué es la mente?», responden: «No es materia». Si preguntas: «¿Qué es materia?», responden: «No es mente». No llegas a conocer ni la materia ni la mente. Definen la materia por medio de la mente, y a la mente por medio de la materia. Las raíces no llegan a conocerse. Esto es absurdo, pero nos resulta más confortable que decir: «No sé. Nada se sabe acerca de eso».

Cuando decimos: «La mente es inmaterial», nos tranquilizamos, como si algo se hubiese aclarado. Nada se ha aclarado. La mente y la materia pertenecen a lo desconocido, pero responder: «No sé» sería humillante para el ego. Cuando dividimos, sentimos que hemos llegado a dominar cosas de las que somos totalmente ignorantes. El noventa y nueve por ciento de la filosofía es creada por el lenguaje. Diferentes idiomas crean diferentes tipos de filosofía; si cambias el idioma, la filosofía cambiará. Por esto la filosofía no se puede traducir. La ciencia siempre puede traducirse, pero la filosofía no. Y la poesía es aún más intraducible, porque depende de una frescura particular del lenguaje. Cuando cambias el idioma, cambia el sabor. Ese sabor corresponde a una ordenación particular de las palabras, una utilización particular de ellas. No se les puede traducir.

Así, lo primero que hay que recordar es que no debemos comenzar con una división. Sólo entonces el primer paso será el correcto. No quiero decir que haya que partir de la idea de que «Yo soy uno». No quiero decir eso. De esa forma, también comienzas con un concepto. Comienza desde la ignorancia, desde la humilde ignorancia; parte de la base del «No sé».

Puedes afirmar que cuerpo y mente se hallan separados, o bien puedes adoptar la posición opuesta y decir: «Yo soy uno. Cuerpo y mente son uno sólo». Sin embargo, esta frase aún presupone una división. Dices «uno», pero sientes dos. A la sensación de dos opones la aseveración de unidad. Esta aseveración es, nuevamente, una sutil represión. Así que no partas de *advaita*, de una filosofía no dual. Parte de la existencia, no de conceptos. Parte de una conciencia profunda, carente de conceptos. A eso me refiero cuando hablo de un buen comienzo. Comienza a sentir lo existencial. No diga «uno» o «dos», no digas «esto» o «eso». Comienza a sentir lo que es. Y sólo puedes sentir lo que es cuando la mente no está, cuando los conceptos no están, cuando las filosofías y las doctrinas no están; en realidad, cuando el lenguaje no está presente. Cuando el lenguaje esté ausente, te encontrarás en medio de la existencia. Cuando el lenguaje esté, estarás sumergido en tu mente.

Con un idioma diferente tendrás una mente diferente. Existen tantos idiomas. No sólo en un sentido lingüístico, sino en el religioso, en el político. Un comunista sentado a mi lado no está en absoluto conmigo. Vive en un idioma diferente.

A mi otro lado puede estar sentado alguien que crea en el karma. El comunista y este otro hombre no pueden encontrarse. No es posible el diálogo porque desconocen totalmente el lenguaje del otro. Pueden utilizar las mismas palabras, pero aun así no sabrán lo que el otro está diciendo. Viven en universos diferentes.

Con el lenguaje, cada uno vive en un universo privado. Sin el lenguaje, perteneces al idioma común, la existencia. A esto me refiero con meditación; abandonar el mundo lingüístico privado y entrar en la existencia no verbal.

Aquellos que separan el cuerpo de la mente siempre están en contra del sexo. Esto sucede porque comúnmente el sexo es la única experiencia no verbal y natural que conocemos. En ese plano, el lenguaje es totalmente innecesario. Si empleas el lenguaje en el sexo, no podrás profundizar en él. Así es que todos los que afirman que no eres tu cuerpo estarán en contra del sexo, porque en el sexo tus divisiones desaparecen.

No vivas en un mundo verbal. Entra profundamente en la existencia misma. Utiliza lo que desees, pero vuelve una y otra vez al nivel de lo no verbal, al nivel de la conciencia. Con los árboles, con las aves, con el cielo, el sol, las nubes, la lluvia: vive con la existencia no verbal en todas partes. Y cuanto más lo hagas, más profundamente entrarás en eso, más sentirás una unidad que no existe en oposición a la dualidad; una unidad que no es sólo la unión de dos: es la unidad del continente con la isla que se encuentra ligada a él por debajo de la superficie del océano. Continente e isla siempre han sido uno sólo. Ves dos sólo porque te limitas a mirar la superficie.

El lenguaje es la superficie. Todas las formas de lenguaje (religioso, político) se encuentran en la superficie. Cuando vives con la existencia no verbal, alcanzas una sutil unidad, que no es una unidad matemática, sino una unidad existencial.

Así es que no traten de jugar estos juegos lingüísticos: «Cuerpo y mente se hallan separados»; «Cuerpo y mente son uno sólo». ¡Abandónenlos! Son interesantes, pero inútiles. No llevan a ninguna parte. Incluso si encuentran alguna verdad en ellos, son sólo verdades lingüísticas. ¿Qué enseñanza van a obtener de eso? Tu mente ha practicado este juego durante miles de años, pero hacerlo es propio de un niño; cualquier juego verbal es un juego infantil. Da lo mismo con cuánta seriedad lo juegues. Podrás hallar muchas cosas que apoyen tu posición, podrás hallarle mucho sentido, pero es sólo un juego. El lenguaje es útil en lo que al trabajo cotidiano respecta, pero no podrás incursionar en realidades más profundas con él, porque estas realidades son no-verbales.

El lenguaje es sólo un juego. Si encuentras asociaciones entre lo verbal y lo no verbal, no será porque hayas encontrado algún secreto importante. Podrás encontrar muchas asociaciones que parecerán de importancia, pero no la tendrán en realidad. Estarán allí porque tu mente las ha creado inconscientemente.

La mente humana es básicamente similar en todas partes, así es que todo lo que provenga de ella tiende a ser parecido. Por ejemplo, la palabra referente a «madre» es parecida en todos los idiomas. Y no es que esto signifique algo, sino que todo se debe a que el sonido «*ma*» es el que más fácilmente articula un niño. Una vez que el sonido ya está presente, puedes crear diferentes palabras a partir de esa base, pero un sonido es sólo un sonido. El niño sólo profiere el sonido «*ma*», pero lo oyes como una palabra.

Algunas veces podemos hallar una similitud que es sólo una coincidencia. «*God*» (Dios) es el reverso de «*dog*» (perro)[4]. Es sólo una coincidencia. Sin embargo, lo encontramos significativo, porque para nosotros un perro es algo vil. Luego, decimos que Dios es lo opuesto de esto. Ésta es interpretación nuestra. Puede ser que para lo opuesto de Dios hayamos creado una

---

4   Los juegos de palabras de Osho en inglés son intraducibles al español, por lo que se reproducen las palabras en los dos idiomas. (N. del T.).

palabra («*dog*» = perro) y luego le dimos esta denominación a los perros. Ambas cosas no están relacionadas en lo absoluto, pero si puedes establecer una conexión entre ellas, te parecerá que tiene sentido.

Puedes seguir creando similitudes a partir de la nada. Puedes crear un vasto océano de palabras, con infinita cantidad de similitudes. Por ejemplo, la palabra «*monkey*» (mono). Puedes jugar con esta palabra y encontrar ciertas relaciones, pero esto habría sido imposible antes de Darwin. Ya que ahora sabemos que el hombre desciende del mono, podemos inventar juegos de palabras. Podemos decir «*monkey*» («*man-key*» = hombre-llave): la llave hacia el hombre. Otras personas han unido estas palabras en forma diferente. Han dicho: «El mono y el hombre se hallan relacionados debido a la mente. El hombre tiene una mente de mono».

Así es que puedes crear asociaciones y disfrutar de ello, puedes sentir que es un juego divertido, pero es sólo un juego. Debemos recordar eso. De otra forma, perderás de vista el límite entre lo que es real y lo que es sólo un juego, y te volverás loco.

Cuanto más te sumerges en las palabras, más conexiones podrás encontrar. Y luego, con rebuscadas triquiñuelas, podrás crear toda una filosofía a partir de esto. Muchos lo hacen. Hasta Ram Dass ha hecho esto. Ha jugado con la palabra «*monkey*» (mono) de esta forma; ha comparado «*dog*» (perro) y «*God*» (Dios) de esta manera. Está bien, no hay nada malo en ello. Lo que estoy diciendo es esto: si practicas un juego y te diviertes con él, diviértete: pero nunca te dejes engañar por él. Y puedes engañarte. El juego puede ser tan absorbente que te dejes llevar por él, y habrás desperdiciado mucha energía.

Muchos creen que, puesto que hay tantas similitudes entre los idiomas, debe haber existido un idioma original del que surgieron todos los demás. Pero estas similitudes no se deben a la existencia de un idioma común; existen debido a similitudes en la mente humana. En todo el mundo, la gente que experimenta frustración emite los mismos sonidos; con los que están enamorados ocurre igual cosa. Un parecido básico entre los seres humanos produce también un cierto parecido en nuestras palabras. Pero no tomen esto en serio, porque podrán perderse en esto. Aun si encuentran bases comunes significativas, seguirá siendo algo insensato, sin importancia. Para un buscador espiritual, esto es algo ajeno a la cuestión.

Y nuestras mentes funcionan de tal forma que cuando vamos en busca de algo, partimos de un prejuicio. Si pensamos que los mahometanos son mala gente, buscaremos datos que apoyen nuestra opinión, hasta que en último término comprueben que estoy en lo cierto. Luego, cada vez que me tope con un musulmán, comenzaré a encontrarle defectos, y nadie podrá decirme que estoy equivocado porque tengo «pruebas».

Alguien puede enfrentarse al mismo individuo con el concepto opuesto. Si para él un musulmán es un «buen hombre», podrá encontrar pruebas de esto con esta misma persona. Bueno y malo no son opuestos: coexisten. El hombre tiene la posibilidad de ser cualquiera de los dos, así que lo que sea que busques en él lo encontrarás. En algunas situaciones será bueno y en otras será malo. Cuando lo juzgas, todo depende más de tu actitud que de la situación misma. Depende de la forma en que mires esto o aquello.

Si, por ejemplo, consideras que fumar es malo, se volverá malo. Si piensas que comportarse de cierta manera es malo, se volverá malo. Si estando aquí sentados alguien se duerme mientras hablamos, alguien podrá considerar que eso es malo: se volverá malo entonces. Pero en realidad, nada es bueno; nada es malo. Alguien que tenga una actitud diferente puede pensar que este mismo incidente está bien. Pensará que es bueno que alguien se tienda y se duerma estando entre amigos, porque eso implica que se siente libre de hacerlo. Así pues, depende de tu actitud.

Estuve leyendo acerca de algunos de los experimentos que intentó A. S. Neill en su escuela, Summerhill. Experimentó con un nuevo tipo de escuela en la que existía total libertad. Él era el director, pero no había disciplina. Un día un profesor enfermó, y él les dijo a los niños que no hicieran ruido para no molestar al profesor esa noche.

Sin embargo, esa noche los niños comenzaron a pelear justo al lado del cuarto del enfermo. Neill subió. Cuando los niños oyeron que alguien venía, se callaron y comenzaron a estudiar. Neill miró hacia dentro a través de la ventana. Uno de los chicos, que simulaba hacer los preparativos para acostarse, levantó la vista y descubrió a Neill en la ventana. Dijo a los otros: «Es sólo Neill. Vamos, no es necesario detenerse. Es solamente Neill». Así que comenzaron a pelear nuevamente. ¡Y Neill era el director de la escuela!

Neill escribió: «Me hizo muy feliz el que no me tuvieran miedo, al punto de que pudiesen decir: "No hay de qué preocuparse. Es sólo Neill"». A él le agradó lo sucedido, pero a ningún otro director le hubiese agradado. ¡A ningún otro! ¡Nunca en la historia! Así es que depende de ti, de la forma en que definas las cosas. Neill lo sintió como amor; pero, nuevamente, esa es su definición. Siempre encontramos aquello que estamos buscando. Puedes encontrar absolutamente cualquier cosa si la estás buscando seriamente.

De modo que no comiencen con la mente centrada en encontrar algo. ¡Limítense a comenzar! Una mente en actitud investigadora no busca nada específico, sino que sencillamente busca. Simplemente busca, sin ideas preconcebidas, sin buscar nada definido. Encontramos cosas porque las buscamos.

El significado de la historia bíblica de la Torre de Babel es que, apenas hablas, te encuentras dividido. La historia no trata de personas que comenzaron a hablar diferentes idiomas, sino de personas que comenzaron a hablar. Apenas comienzas a hablar, aparece la confusión. Apenas articulas algo, te encontrarás dividido. Sólo el silencio es uno.

Muchas personas han desperdiciado sus vidas buscando cosas. Cuando tomas algo en serio, puedes desperdiciar tu vida con mucha facilidad. Jugar con palabras es algo tan gratificante para el ego que te puedes pasar la vida en ello. Incluso si es interesante —un juego entretenido, divertido—, es un juego inútil para el buscador espiritual. La búsqueda espiritual no es un juego.

Podemos practicar el mismo juego utilizando números. Puedes establecer relaciones. Puedes lucubrar el motivo por el cual hay siete días en la semana, siete notas musicales, siete esferas, siete cuerpos. ¿Por qué motivo hay siempre siete? Entonces podrás crear una filosofía completa en torno a ello, pero esa filosofía será producto de tu imaginación.

A veces las cosas comienzan de forma muy inocente. Por ejemplo, la forma en que se comenzó a contar. El único motivo por el cual existen nueve dígitos es porque el hombre tiene diez dedos. En todas partes del mundo el hombre comenzó a contar utilizando sus dedos. Así pues, diez fue el límite que se eligió. Era suficiente, porque de ahí en adelante se puede ir repitiendo. Así es que en todas partes del mundo hay nueve dígitos.

Una vez que ya se ha determinado el nueve como límite, es difícil imaginar el procedimiento a seguir con una cantidad de dígitos mayor o menor que nueve. Sin embargo, se pueden utilizar menos. Usar nueve es sólo una costumbre. Leibniz utilizaba sólo tres dígitos: 1, 2 y 3. Cualquier problema puede ser resuelto con tres dígitos, al igual que con nueve. Einstein utilizaba sólo dos dígitos: 1 y 2. En esa forma, se cuenta así: 1, 2, 10, 11... Nos podría parecer que aquí hay un salto de ocho, pero ese salto no existe: está sólo en nuestras mentes.

Estamos condicionados a pensar que el 3 debe venir después del 2. Ese debería no existe. Sin embargo, eso nos confunde. Pensamos que 2 más 2 son siempre 4, pero no existe ninguna obligatoriedad de que sea así. Si se utiliza un sistema de dos dígitos, 2 más 2 serán 11. Y entonces, «11» y «4» aludirán a la misma cantidad. Puedes decir que dos sillas más dos sillas son cuatro sillas, o también puedes decir que son once; sin embargo, independientemente del sistema que utilices, la cantidad existencial de sillas será la misma.

Puedes hallar un motivo para todo: por qué la semana tiene siete días, por qué el ciclo menstrual de una mujer abarca veintiocho días, por qué hay siete notas en la escala, por qué hay siete esferas. Y puede que algunas de estas cosas tengan realmente un motivo.

Por ejemplo, la palabra «menstruo» significa un mes. Es posible que el hombre comenzara a contar los meses de acuerdo con el ciclo menstrual de la mujer, pues el ciclo femenino natural es un periodo de tiempo fijo: veintiocho días. Éste habría sido un método simple para saber que ha transcurrido un mes. Cuando tu esposa comienza a menstruar, significa que ha pasado un mes.

O bien, puedes contar los meses de acuerdo con la luna. Sin embargo, el lapso que llamamos «un mes» varía en este caso a treinta días. La luna crece durante quince días y durante otros tantos, de modo que en treinta días completa su ciclo.

Fijamos los meses con un criterio lunar, así es que contamos treinta días para el mes. Sin embargo, si determinamos la duración del mes según Venus o según el ciclo menstrual, tendremos veintiocho días. Podemos superar la disparidad dividiendo el ciclo de veintiocho días y concibiendo una semana de siete días. Y una vez que esta forma de concebir el mes se establece en la mente, las demás cosas se suceden de forma automática. Esto es lo que quiero decir: todo tiene su propia lógica. Una vez que tienes la semana de siete días, podrás encontrar muchos otros patrones de siete, y el siete se transforma en un número significativo, en un número mágico. No lo es. O bien la vida entera es magia pura o nada lo es. Se transforma en un juego para la imaginación.

Puedes jugar con estas cosas y encontrarás muchas coincidencias. El mundo es tan grande, tan infinito, ocurren tantas cosas en cada segundo, que es totalmente obvio que habrá coincidencias. Las coincidencias comienzan a acumularse; y finalmente tienes una lista tan larga de ellas que te dejas convencer. Y te preguntas: «¿Por qué hay siempre siete? Debe haber algún misterio subyacente». Todo el misterio lo construye tu mente, que ve las coincidencias e intenta interpretarlas en una forma lógica.

Gurdjieff afirmó que el hombre es el alimento de la luna. Esto es algo totalmente lógico. Nos demuestra el absurdo de la lógica. Todo lo que existe es alimento para algo o alguien, de modo que Gurdjieff tuvo una idea muy ingeniosa: el hombre debe ser el alimento de algo o alguien. Si seguimos ese razonamiento, la pregunta «¿Quién se alimenta del hombre?» resulta totalmente lógica y coherente.

El sol no puede ser el devorador del hombre, porque sus rayos son alimento para otros organismos: las plantas. El hombre se encontraría entonces situado en un estrato inferior al de otras especies. Pero esto no puede ser, puesto que el hombre es el animal más elevado —según su propia opinión—. Así pues, el hombre no puede ser alimento para el sol.

La luna se relaciona con nosotros en una forma sutil, pero no del modo como Gurdjieff lo describió. Se encuentra sutilmente relacionada con el periodo menstrual de la mujer. Se relaciona con la marea, con el flujo y reflujo del mar. Parece ser que es mayor la proporción de gente que se vuelve loca cuando hay luna llena. Es de ahí de donde proviene la palabra «lunático»: de lunar, la luna.

La luna siempre le ha resultado muy hipnótica a la mente humana. Gurdjieff afirmó: «El hombre debe ser el alimento de la luna, porque el alimento puede ser fácilmente hipnotizado por el que lo devora». Los animales —en particular, las serpientes— hipnotizan primero a sus víctimas. Estas se paralizan a tal punto que luego pueden ser devoradas. Ésta es otra coincidencia con la que jugó Gurdjieff. La luna hipnotiza a poetas, lunáticos, estetas y pensadores. Debe haber algo. El hombre debe ser un alimento.

Podemos jugar con esta idea. Con una mente fértil, como la de Gurdjieff, las cosas pueden seguir hilándose lógicamente. Gurdjieff era un genio: podía presentar las cosas de tal manera que parecieran lógicas, racionales, significativas, independientemente de lo absurdas que fueran. Sugirió esta teoría, y luego su imaginación fue capaz de hallar muchas conexiones, muchas pruebas.

Todo aquel que crea un sistema utiliza la lógica como medio para distorsionar, para comprobar su idea. ¡Todos los que crean sistemas! Aquellos que desean permanecer junto a la verdad no pueden crear sistemas. Por ejemplo, yo nunca pude crear un sistema, porque, para mí, el intento mismo de hacerlo va por el camino errado. Lo que digo sólo puede ser fragmentario, incompleto. Existirán brechas insalvables. Conmigo deberán saltar de un punto a otro.

Un sistema puede crearse con mucha facilidad, porque las brechas pueden ser rellenadas por la imaginación. De ese modo, el todo queda muy claro, límpido, lógico. Sin embargo, mientras más lógico es, más se aleja de la fuente existencial.

Cuanto más sabes, más claro te queda que existen brechas que no pueden rellenarse. La existencia nunca puede ser consistente, nunca.

Un sistema debe ser coherente, pero la existencia misma nunca lo es. De modo que ningún sistema puede explicarla.

Siempre que el hombre ha creado sistemas para explicar la existencia (en India, en Grecia, en China), ha inventado juegos. Si aceptas el primer paso como verdadero, el sistema completo resultará perfectamente verdadero; sin embargo, si no aceptas el primer paso, todo el edificio se vendrá abajo. Todo el edificio es un ejercicio de la imaginación. Está bien. Es poético, hermoso. Sin embargo, una vez que un sistema insiste en que su versión de la existencia es la verdad absoluta, resultará violento y destructivo. Estos sistemas de verdades son poesías. Son hermosos, pero son sólo poesías. La imaginación habrá rellenado muchas brechas.

Gurdjieff estaba señalando ciertos fragmentos de la verdad; sin embargo, puesto que no es tan fácil basar una teoría en uno o dos fragmentos, reunió muchos de ellos. Luego intentó crear un sistema coherente con estos fragmentos. Comenzó a rellenar los huecos. Sin embargo, mientras más huecos se rellenan, más se aleja todo de la realidad. Y, finalmente, todo el sistema se desploma debido a estos rellenos.

El que está fascinado por la personalidad de un maestro puede no ver las brechas que existen en su teoría, mientras que aquellos que no lo están verán sólo las brechas, y no los fragmentos de verdad. Para sus seguidores, Buda es un buda (un iluminado); sin embargo, otros sólo se confunden, pues solamente ven las brechas. El conjunto de todas las brechas será destructivo; sin embargo, el conjunto de todas las verdades puede ser el fundamento de tu transformación.

La verdad es necesariamente fragmentada. La verdad es tan infinita que con una mente finita nunca podrás abarcarla totalmente. Y si insistes en intentar alcanzar la totalidad, perderás la cabeza, trascenderás tu mente. Pero si creas un sistema, nunca perderás la cabeza, porque tu mente rellenará todos los huecos. El sistema resulta claro y preciso; resulta impresionante, racional, comprensible —pero nunca más que eso—. Y necesitas algo más: la fuerza, la energía para transformarte. Sin embargo, esa fuerza sólo vendrá en destellos, en fragmentos.

La mente crea tantos sistemas, tantos método. Elucubra: «Si abandono la vida que estoy llevando, encontraré algo más profundo». Esto es absurdo. Sin embargo, la mente prosigue, creyendo que en algún lugar del Tíbet, en algún lugar en Meru Parvat, en alguna parte, la cosa está ocurriendo. El corazón se ve en un conflicto: ¿cómo llegar allí? ¿Cómo establecer contacto con los maestros que trabajan allí? La mente siempre busca algo en alguna otra parte; nunca busca algo de aquí y de ahora. La mente nunca está aquí. Y cada teoría atrae gente: «¡La cosa está pasando ahora mismo, en el Monte Meru! Ve allá, toma contacto con los maestros del lugar y te verás transformado».

No te dejes engañar por estas cosas. Aunque exista alguna base real, no corras tras ellas. Alguien puede estarte diciendo algo que es cierto, pero el motivo por el que te sientes atraído está equivocado. Lo verdadero, lo real, está aquí ahora; se encuentra contigo ahora. Limítate a trabajar en ti. Aun cuando uno haya ido a todos los Montes Meru, deberá regresar a estar consigo mismo. Finalmente, uno encuentra que el Monte Meru está aquí, que el Tíbet está aquí: «Aquí, en mi interior. Y he estado vagando y vagando, por todos lados...».

Cuanto más racional sea un sistema, más se desmorona, y entonces es necesario agregar algo irracional. Sin embargo, apenas agregas el elemento irracional, la mente comienza a hacerse astillas. Así es que no se preocupen de los sistemas. Simplemente, salten al aquí y al ahora.

Capítulo 6

La psicología de los sueños

¿Puedes explicarnos algo referente a los sueños?

Tenemos siete cuerpos: el físico, el etérico, el astral, el mental, el espiritual, el cósmico y el nirvánico. Cada cuerpo tiene su propio tipo de sueño. En la psicología occidental, el cuerpo físico es conocido como lo consciente, el cuerpo etérico como lo inconsciente y el cuerpo astral como el inconsciente colectivo.

El cuerpo físico crea sus propios sueños. Si tu estómago se encuentra indispuesto, surge un tipo especial de sueño. Si te encuentras enfermo, febril, el cuerpo físico crea un sueño referente a eso. Una cosa es segura: el sueño surge de una incomodidad.

El malestar físico, la incomodidad física, crean su propio tipo de sueños, de modo que un sueño de tipo físico puede ser incluso provocado desde el exterior. Estás durmiendo. Si te enrollan un paño húmedo en las piernas, comenzarás a soñar. Puedes soñar que estás cruzando un río. Si te colocan una almohada sobre el pecho, comenzarás a soñar. Puedes soñar que alguien se te sentó encima o que una piedra cayó sobre ti. Éstos son sueños que surgen a través del cuerpo físico.

El cuerpo etérico (el segundo cuerpo) sueña en su propio estilo[5]. Los sueños etéricos han producido mucha confusión en la psicología occidental. Freud confundió los sueños etéricos con sueños producidos por deseos reprimidos.

En realidad, existen sueños motivados por deseos reprimidos, pero estos sueños provienen del primer cuerpo, el físico. Si has reprimido algún deseo físico —si has ayunado, por ejemplo—, es muy posible que sueñes con un desayuno. O bien, si has reprimido el sexo, es muy probable que tengas fantasías sexuales. Pero estos sueños corresponden al primer cuerpo. La investigación psicológica ha pasado por alto al cuerpo etérico, de modo que los sueños que le corresponden le son asignados al primer cuerpo, el físico. Y de ahí surge mucha confusión.

El cuerpo etérico puede viajar en sueños. Es muy probable que abandone tu cuerpo físico. Cuando lo recuerdes, lo recordarás como un sueño, pero no es un sueño en el mismo sentido que los del cuerpo físico. El cuerpo etérico puede dejarte mientras duermes. Tu cuerpo físico permanecerá allí, pero tu cuerpo etérico podrá salir y viajar en el espacio. No existe espacio que lo limite, ninguna distancia es excesiva para él. Los que no comprenden esto, los que no reconocen la existencia del cuerpo etérico, dirán que esto es el dominio de lo inconsciente. Dividen la mente humana en consciente e inconsciente. Entonces, el sueño fisiológico es llamado «consciente», y el sueño etérico, «inconsciente». No es inconsciente. Es tan consciente como el sueño de tipo fisiológico, pero es consciente en otro nivel. Si tomas conciencia de tu cuerpo etérico, los sueños relacionados con ese dominio llegarán a ser conscientes.

Del mismo modo que los sueños de tipo fisiológico pueden ser provocados desde el exterior, así también los sueños etéricos pueden ser creados, estimulados. El mantra es uno de los métodos para crear visiones etéricas, sueños etéricos. Un mantra específico o un nada específico (una palabra determinada que resuene repetidamente en el centro etérico) puede producir sueños etéricos. Existen tantos métodos. El sonido es uno de ellos.

Los sufíes han utilizado el perfume para producir visiones etéricas. Al mismo Mahoma le agradaban mucho los perfumes. Un perfume determinado puede producir un sueño determinado.

---

5 En el Oriente, el cuerpo etérico es conocido como el cuerpo vital, el cuerpo energético. Éste es inconsciente para la mayoría de nosotros, pero Osho explica en los tres capítulos que siguen la forma en que se puede tomar conciencia del cuerpo etérico (y de los cuerpos más elevados).

Los colores también pueden servir. En cierta ocasión, Leadbeater [6] tuvo un sueño etérico en que tuvo una visión azulada: sólo el color azul, pero en un matiz preciso.

Comenzó a buscar ese tono específico de azul por los mercados de todo el mundo. Después de varios años de búsqueda, lo encontró finalmente en una tienda italiana: un terciopelo de ese tono preciso de azul. El terciopelo fue entonces utilizado para crear sueños etéricos también en otras personas.

Así es que cuando alguien se sumerge en una profunda meditación durante la cual ve colores y percibe perfumes, sonidos y música totalmente desconocidos, se habrá encontrado con los sueños del cuerpo etérico. Las así llamadas visiones espirituales corresponden al cuerpo etérico, son sueños etéricos. Las ocasiones en que un gurú se le aparece a un discípulo no son otra cosa que viajes etéricos, sueños etéricos. Pero dado que hemos investigado la mente sólo a un nivel de existencia —el fisiológico—, estos sueños han sido o bien interpretados en el lenguaje del nivel fisiológico, o bien descartados, dejados de lado.

O bien, atribuidos al inconsciente. Afirmar que algo forma parte del inconsciente equivale a admitir que no sabemos nada acerca de ello. Es un tecnicismo, un truco. Nada es inconsciente, pero todo aquello que es consciente en un nivel más profundo es inconsciente en un nivel anterior. Así que, para el nivel físico, el etérico es inconsciente; para el etérico, el astral es inconsciente; para el astral, el mental es inconsciente.

«Consciente» es aquello que se conoce; «inconsciente» es aquello que aún no se conoce, lo desconocido.

También existen sueños astrales. En los sueños astrales recorres vidas anteriores. Ésta es la tercera dimensión de tus sueños. A veces ocurre que en un sueño común aparecen partes del nivel etérico o del nivel astral. El sueño se transforma entonces en un embrollo, un revoltijo: no logras comprenderlo. Dado que tus siete cuerpos existen simultáneamente, un fragmento de un nivel puede aparecer en otro, puede penetrar en él. Así que, a veces, incluso en sueños comunes, aparecen fragmentos del etérico o del astral.

En el primer cuerpo, el físico, no puedes viajar ni en el tiempo ni en el espacio. Te hayas confinado a tu condición física y al tiempo presente:

---

6 Leadbeater, una de las figuras descollantes de los primeros tiempos del movimiento teosófico, desempeñó un papel decisivo en el entrenamiento espiritual de Krishnamurti.

por ejemplo, las diez de la noche. Tu cuerpo físico puede soñar en este tiempo y espacio particular, pero no fuera de él. En el cuerpo etérico puedes viajar en el espacio, pero no en el tiempo. Puedes ir a cualquier parte, pero siempre serán las diez de la noche. En el dominio del astral, en el tercer cuerpo, puedes viajar no sólo en el espacio, sino también en el tiempo. El cuerpo astral puede atravesar la barrera del tiempo, pero sólo hacia el pasado, no hacia el futuro. La mente astral puede penetrar en la escala infinita del pasado, desde la ameba hasta el ser humano.

En la psicología jungiana, la mente astral equivale al inconsciente colectivo. Es tu historia personal de vidas anteriores. A veces penetra en los sueños comunes, pero con mayor frecuencia en los estados patológicos que en los saludables. En un ser humano mentalmente enfermo se desvanecen los límites habituales entre los tres primeros cuerpos. Una persona mentalmente desequilibrada puede soñar con sus vidas anteriores, pero nadie la creerá. Ni siquiera él mismo. Dirá que es sólo un sueño.

Éstos no son sueños del plano físico. Corresponden al nivel astral. Y los sueños astrales tienen mucho sentido, mucho significado. Sin embargo, el tercer cuerpo sólo puede soñar con el pasado, no con lo que vendrá.

El cuarto cuerpo es el mental. Puede viajar al pasado y al futuro. En una verdadera emergencia, incluso una persona corriente puede tener una visión del futuro. Si alguien que amas se está muriendo, este mensaje te puede ser entregado en un sueño corriente. Dado que no conoces otras dimensiones de tus sueños, puesto que no conoces las otras posibilidades, el mensaje aparecerá en tus sueños habituales, corrientes.

Sin embargo, el sueño no será claro, puesto que deberá cruzar las barreras que encontrará antes de poder convertirse en parte de tu estado onírico habitual. Cada una de las barreras elimina algo, transforma algo. Cada cuerpo tiene su propia simbología, de modo que cada vez que un sueño pasa de un cuerpo a otro, es traducido a la simbología de este último. Entonces, todo se vuelve confuso.

Si sueñas directamente en el cuarto cuerpo —no a través de otro cuerpo, sino directamente en el cuarto—, podrás incursionar en el futuro. Pero sólo podrás hacerlo en el tuyo propio. Permaneces en un nivel individual: no podrás penetrar en el futuro de otra persona.

Para el cuarto cuerpo, el pasado es tan presente como el futuro lo es. Pasado, presente y futuro se unen. Todo se funde en el ahora: un ahora que penetra en lo que fue, un ahora que penetra en lo que vendrá. Ya no existen ni pasado ni futuro, pero aún existe el tiempo. El tiempo, incluso como «el presente», aún es tiempo que corre. Aún te será necesario centrar tu mente. Podrás ver el pasado, pero deberás focalizar tu mente en esa dirección. El futuro y el presente se dejan momentáneamente de lado. Cuando te centras en el futuro, los otros dos —pasado y presente— quedan fuera. Te será posible ver pasado, presente y futuro, pero no como un todo unificado. Y sólo podrás ver tus propios sueños, sueños que te son propios a ti como individuo.

El quinto cuerpo, el cuerpo espiritual, atraviesa el dominio de lo individual y el dominio del tiempo. Ahora te encuentras en la eternidad. El sueño no guarda relación contigo como individuo, sino que con la conciencia del todo. Ahora conoces el pasado de toda la existencia, pero no el futuro.

A través de este quinto cuerpo se han desarrollado todos los mitos de la creación. Son todos iguales. Los símbolos difieren, las historias tienen ligeras diferencias; sin embargo, ya sea cristiano, hindú, judío o egipcio, los mitos de la creación —cómo surgió el mundo, cómo fue creado— son básicamente similares. Por ejemplo, en todo el mundo existen historias parecidas acerca del gran diluvio universal. No existe un registro histórico de ellas; sin embargo, existe un registro. Ese registro pertenece a la quinta mente, al cuerpo espiritual. La quinta mente puede soñar acerca de estas historias.

Cuanto más profundizas, más se acerca el sueño a la realidad. El sueño fisiológico no es tan real. Tiene su propia realidad, pero no es tan real. El etérico es mucho más real, el astral es aún más real, el mental se aproxima a la realidad y, finalmente, en el quinto cuerpo, llegas a ser verdaderamente realista en tu soñar. Ésta es la forma de conocer la realidad. Hablar de sueño es inadecuado. Pero, en cierta forma, es un sueño, porque lo real no se encuentra objetivamente presente. Tiene su propia objetividad, pero nos llega como una experiencia subjetiva.

Dos personas que hayan realizado el quinto cuerpo pueden soñar simultáneamente, cosa que antes de esta etapa resultaba imposible. De ordinario, no hay forma de soñar un sueño en común; sin embargo, a partir del quinto cuerpo, un sueño puede ser soñado por muchas personas al mismo tiempo. Por eso los sueños son, en cierta forma, objetivos. Podemos comparar nuestras experiencias. Es así como muchas personas, soñando en el quinto cuerpo, llegaron a conocer los mismos mitos. Estos mitos no fueron creados por individuos aislados. Fueron creados por escuelas determinadas, tradiciones determinadas que trabajaban en conjunto.

Así, el quinto tipo de sueño llega a ser mucho más real. Los cuatro tipos que lo preceden son, en cierto sentido, irreales, porque son individuales.

Es imposible que otra persona comparta la experiencia, no hay forma de juzgar acerca de su validez: si es o no una fantasía. Una fantasía es algo que has proyectado; un sueño es algo que llegas a conocer, pero que, sin embargo, no se encuentra en la existencia como tal. A medida que profundizas, los sueños se vuelven menos fantásticos, menos imaginarios, más objetivos, más reales, más auténticos.

Todos los conceptos teológicos son creados por el quinto cuerpo. Difieren en su lenguaje, su terminología, su conceptualización; sin embargo, en el fondo son iguales. Son sueños del quinto cuerpo.

En el sexto cuerpo, el cuerpo cósmico, cruzas el umbral de lo consciente/inconsciente, material/mental. Desaparecen todas las distinciones. El sexto cuerpo sueña con el cosmos. Cruzas el umbral de la conciencia, y el mundo inconsciente se vuelve también consciente. Ahora todo está vivo y consciente. Incluso aquello que llamamos materia forma ahora parte de la conciencia.

Los sueños acerca de mitos cósmicos se han realizado en el sexto cuerpo. Has trascendido lo individual, has trascendido lo consciente, has trascendido el tiempo y el espacio: pero aún cabe el lenguaje. Apunta hacia algo; nos indica algo. Todas las teorías acerca de brahma, el maya, las teorías de unidad, del infinito, se han verificado en el sexto tipo de sueño. Aquellos que han soñado en la dimensión cósmica han sido los creadores de los grandes sistemas, las grandes religiones.

En el sexto tipo de mente, los sueños se dan en términos de ser, no en términos de no-ser; en términos positivos de existencia, no en términos de no-existencia. Aún persiste una atadura a la existencia y un temor a la no-existencia. Mente y materia se han unificado, pero no así la existencia y la no-existencia, el ser y el no-ser. Todavía se encuentran separados. Ésta es la última barrera.

El séptimo cuerpo, el nirvánico, cruza la frontera de lo positivo y salta a la nada. Tiene sus propios sueños: sueños de no-existencia, sueños de la nada, sueños del vacío. El sí ha quedado atrás, e incluso el no ya no es un no; la nada no alude a una nada. Más bien, la nada es aún más infinita. Lo positivo debe tener límites; no puede ser infinito. Sólo lo negativo no tiene límite alguno.

De modo que el séptimo cuerpo tiene sus propios sueños. Ahora ya no hay símbolos, no hay formas. Sólo lo informe existe. Ahora ya no hay más sonido que el silencio absoluto. Estos sueños de silencio son totales, interminables.

Estos son los siete cuerpos. Cada uno de ellos posee sus propios sueños. Sin embargo, estas siete dimensiones del sueño onírico pueden transformarse en un obstáculo cuando se trata de conocer los siete tipos de realidades.

Tu cuerpo fisiológico tiene una forma de conocer lo real y una forma de soñar acerca de ello. Cuando ingieres comida, te enfrentas a lo real; sin embargo, cuando sueñas que la ingieres, no estás para nada en la realidad. El sueño es un sustituto para el verdadero alimento. Así pues, el cuerpo fisiológico tiene su propia realidad y su propia forma de soñar. Éstas son dos formas diferentes de funcionamiento de lo fisiológico, y se encuentran muy separadas la una de la otra.

Cuanto más te acercas al centro —mientras más elevado sea el cuerpo en que estés—, más se aproximan entre sí el sueño y la realidad. Del mismo modo, como dos líneas dibujadas desde la periferia hacia el centro de un círculo, se acercan entre sí a medida que avanzan y se alejan a medida que se aproximan a la periferia, también sueño y realidad se aproximan más y más a medida que te acercas al centro y se separan más y más si te acercas a la periferia. Así que, al menos en cuanto al cuerpo fisiológico respecta, sueño y realidad se encuentran muy alejados. La distancia entre ellos es grande. Los sueños son sólo fantasía.

Esta separación no será tan grande en el cuerpo etérico. La realidad y el sueño se aproximan, de modo que distinguir entre sueño y realidad resultará más difícil de lo que fue con el cuerpo fisiológico. Sin embargo, aún podemos establecer esta distinción. Si tu viaje etérico fue un verdadero viaje, ocurrirá mientras estés despierto. Si ha sido un sueño, ocurrirá cuando duermas. Para conocer la diferencia, deberás despertar al cuerpo etérico.

Existen métodos para estar consciente del cuerpo etérico. Todos los métodos de trabajo interno tales como el *japa* (la repetición de un mantra) te desconectan del mundo exterior. Si te duermes, la repetición constante puede producir un sueño hipnótico. Entonces, soñarás. Pero si puedes permanecer consciente de tu *japa*, evitando el efecto hipnótico, conocerás lo real, al menos en cuanto a lo etérico se refiere.

En el tercer cuerpo, el astral, es aún más difícil establecer la diferencia, pues sueño y realidad se acercan más. Si has conocido el verdadero cuerpo astral, y no meramente el sueño astral, habrás superado el miedo a la muerte. A partir de este momento, conocemos nuestra propia inmortalidad. Pero si el astral es un sueño y no la realidad, el miedo a la muerte te convertirá en un inválido. Esta es la prueba final, el criterio para distinguir el miedo a la muerte.

Una persona que cree que el alma es inmortal y lo repite una y otra vez, convenciéndose a sí misma, no podrá conocer la diferencia entre lo que es real en el cuerpo astral y lo que es un sueño astral. No debiéramos creer en la inmortalidad: debiéramos saber que existe. Sin embargo, antes de saber, debemos dudar, debemos sentirnos inciertos al respecto. Sólo entonces sabrás si realmente lo sabes o si sólo lo has proyectado. Si crees que el alma es inmortal, esta creencia podrá penetrar tu mente astral. Entonces comenzarás a soñar, pero sólo será un sueño. Sin embargo, si no tienes creencias, sino sólo una sed de saber, de búsqueda —sin saber lo que hay que buscar, sin saber lo que encontrarás, sin ideas previas o prejuicios—, si sólo te encuentras buscando en el vacío, conocerás la diferencia. Así pues, aquellos que creen en la inmortalidad del alma, en vidas pasadas, los que aceptan esto como un acto de fe, pueden estar tan sólo soñando en el plano astral, sin estar en contacto con la realidad. En el cuarto cuerpo, el mental, sueño y realidad se transforman en vecinos. Su aspecto es tan similar que es muy fácil confundirlos. El cuerpo mental puede tener sueños que son tan realistas como lo real. Y existen métodos para crear esos sueños, provenientes del yoga, del tantra y de otros sistemas. Una persona que se encuentra ayunando, aislado y en la oscuridad, tendrá el cuarto tipo de sueños, los sueños mentales. Serán muy reales, serán más reales que la realidad que nos rodea.

En el cuarto cuerpo, la mente es totalmente creativa: sobrepasa los límites de lo objetivo, sobrepasa los límites materiales. Ahora es totalmente libre para crear. Poetas y pintores viven en el cuarto tipo de sueño: todo el arte es creado en el cuarto tipo de sueño. Una persona que puede soñar en el cuarto ámbito puede transformarse en un gran artista. Pero aquí aún no es posible el verdadero saber.

En el cuarto cuerpo debemos estar conscientes de cualquier tipo de creación mental. No debiéramos proyectar nada; de lo contrario, será proyectado. No debiéramos desear nada; de otra forma, es muy probable que el deseo sea realizado. No sólo internamente. Incluso en el exterior será satisfecho. En el cuarto cuerpo, la mente es muy poderosa, muy cristalina, pues el cuarto cuerpo es la última morada de la mente. Más allá de este punto está la no-mente.

El cuarto cuerpo es la fuente original de la mente, de modo que puedes crear cualquier cosa. Uno debe estar todo el tiempo consciente de que no hay ningún deseo, ninguna imaginación, ninguna imagen, ningún dios, ningún gurú. De otra forma, los crearás a todos. ¡Tú serás su creador! Es tan maravilloso verlos que uno anhela crearlos. Ésta es la última barrera para el *sadhaka,* el buscador. Si uno supera esto, no se verá enfrentado a un obstáculo superior. Si estás alerta, si en el cuarto cuerpo eres sólo un testigo, conocerás lo real. De otra forma, seguirás soñando. Y ninguna realidad es comparable a esos sueños. Te producirán éxtasis; ningún éxtasis se los puede comparar. Por tanto, debemos estar conscientes del éxtasis, de la felicidad, del arrobo, y debemos estar constantemente conscientes de cualquier tipo de imagen. Apenas aparece una imagen, significa que la cuarta mente comienza a producir un sueño. Una imagen conduce a otra, y seguirás soñando.

El cuarto tipo de sueño sólo puede evitarse si te transformas en un testigo. Esa actitud hace la diferencia, porque si aparece un sueño, te identificarás con él. Identificarse equivale a soñar, al menos en cuanto al cuarto cuerpo respecta. En el cuarto cuerpo, la conciencia y la mente en actitud de testigo son el camino hacia lo real. En el quinto cuerpo sueño y realidad se unifican. Desaparece todo tipo de dualidad. Aquí, el tomar consciencia deja de ser el punto. Incluso si no estás consciente, estarás consciente de tu inconsciencia. Ahora el sueño se transforma en un reflejo de la realidad. Existe diferencia y no la hay. Si me miro en el espejo, no existirá diferencia entre mi rostro y el reflejo de él; sin embargo, hay una diferencia. Yo soy real y mi reflejo no lo es.

Si la quinta mente ha cultivado diferentes conceptos, puede tener la ilusión de conocerse a sí misma, pues ha visto su reflejo en el espejo. Estará conociéndose a sí misma, pero no tal como es: sólo mediante su reflejo. Ésta es la única diferencia. Pero en cierta forma, es peligroso. El peligro consiste en quedar satisfecho con el reflejo, y la imagen del espejo puede ser confundida con la realidad.

Al menos en lo que respecta al quinto cuerpo, el que esto ocurra no representa un verdadero peligro; pero este peligro sí existe en cuanto al sexto cuerpo. Si sólo te has mirado en el espejo, no podrás cruzar el límite del quinto para seguir al sexto. No puedes cruzar ningún límite pasando por un espejo. Así, hay personas que se han quedado en el quinto. Aquellos que afirman que existen almas infinitas y que cada alma tiene su propia individualidad: estas personas han permanecido en el quinto. Se han conocido a sí mismas, pero no en forma inmediata, directa; sólo a través de un espejo.

¿De dónde surge este espejo? Viene del cultivo de conceptos: «Yo soy el alma. Eterna, inmortal. Más allá del nacimiento y de la muerte». Concebirse a sí mismo como el alma sin saberlo equivale a crear un espejo. De esa forma, no te conoces a ti mismo tal como eres, sino que a través del reflejo de tus conceptos. La única diferencia será ésta: si el conocimiento viene a través de un espejo, es un sueño; si es directo, inmediato, sin espejo, es real. Ésta es la única diferencia, pero es grande: no en relación con los cuerpos que ya has atravesado, sino que respecto a los que aún te quedan.

¿Cómo podemos darnos cuenta de si estamos soñando en el quinto o viviendo la realidad? Sólo existe una forma: abandonar todo tipo de escritura, dejar de lado toda filosofía. Ahora el gurú debiera desaparecer; de otro modo, el gurú se transformará en un espejo. De aquí en adelante te encuentras totalmente sólo. No puedes tomar a nadie como guía, pues el guía se convertirá en un espejo.

De aquí en adelante, la soledad es total y completa. No es aislamiento, sino soledad. El aislamiento siempre guarda relación con otros; la soledad guarda relación con uno mismo. Me siento aislado cuando no hay eslabón alguno entre mí y alguien más; cuando me siento solo, soy.

Ahora debiéramos estar solos en todas las dimensiones: palabras, conceptos, teorías, filosofías, doctrinas; gurús, escrituras; cristianismo, hinduismo; Buda, Cristo, Krishna, Mahavira. Debiéramos quedarnos totalmente solos; de otra forma, cualquier cosa que se presente se transformará en un espejo. Buda se transformará ahora en un espejo. Muy querido, pero muy peligroso.

Si te encuentras totalmente sólo, no habrá nada que te pueda reflejar. Así, meditación es la palabra para el quinto cuerpo. Esto significa estar totalmente solo, libre de todo tipo de «*mentación*». Significa permanecer en no-mente. Si se presenta cualquier tipo de mente, se transformará en un espejo y te verás reflejado en él. Debemos permanecer ahora en un estado de no-mente, sin pensamientos, sin contemplación.

En el sexto cuerpo no hay espejo. Ahora sólo está lo cósmico. Te has disuelto. Ya no eres; el soñador ya no es. Pero el sueño aún puede existir sin el soñador. Y cuando hay un sueño sin soñador, aparece como realidad verdadera. Ya no hay mente, nadie que piense, de modo que todo lo que es conocido es conocido. Se transforma en tu conocimiento. Surgen los mitos de la creación; vienen como flotando. Tú no eres; las cosas sólo flotan de un lado a otro. No hay nadie ahí que actúe como juez; no hay nadie que actúe como soñador.

Pero una mente que no es, aún es. Una mente aniquilada aún existe; no en forma individual, sino como un todo cósmico. Tú no eres, pero el Brahma es. Por eso afirman que el mundo entero es un sueño del Brahma. El mundo entero es un sueño, *maya*. No el sueño de algún individuo, sino el sueño del todo, de la totalidad. Tú no eres, pero la totalidad sueña.

Ahora la única distinción que persiste es si el sueño es positivo. Si es positivo, es ilusorio, es un sueño, pues en un sentido último sólo lo negativo es. Cuando todo se ha integrado a lo informe, cuando todo ha regresado a la fuente original, todo es y al mismo tiempo no es. Lo positivo es el único factor que queda. Debe ser superado.

Así pues, si abandonas lo positivo en el sexto cuerpo, penetras al séptimo. La realidad del sexto es la puerta hacia el séptimo. Si no hay nada positivo presente —ningún mito, ninguna imagen—, el sueño ha finalizado. Ahora sólo existe lo que es, como tal. Nada existe, salvo la existencia. Las cosas no son, pero la fuente es. El árbol no es, pero la semilla sí es.

Aquellos que han conocido, han denominado a este tipo de mente, *samadhi* con semilla (*samadhi sabeej*). Todo se ha perdido; todo ha regresado a la fuente original, la semilla cósmica. El árbol no es, la semilla es. Sin embargo, a partir de la semilla aún es posible soñar, de modo que incluso la semilla deberá ser destruida.

En el séptimo, no hay ni sueño ni realidad. Sólo puedes ver algo real si te es posible soñar. Si no existe la posibilidad de soñar, ni lo real ni lo ilusorio existirán. Así que el séptimo es el centro. Ahora sueño y realidad se han unificado. No hay diferencia entre ellas. O bien sueñas con la nada o conoces la nada, pero la nada sigue siendo la misma. Si sueño con ustedes, será una ilusión. Si los veo, será la realidad. Pero si sueño acerca de su ausencia o si veo su ausencia, no habrá diferencia. Si sueñas acerca de la ausencia de cualquier cosa, el sueño será lo mismo que la ausencia misma. Sólo en términos de algo positivo existirá verdadera diferencia. Así pues, existen diferencias hasta el sexto cuerpo. En el séptimo sólo nos queda la nada. Ni siquiera la semilla está.

Éste es el *samadhi nirbeej*, el *samadhi* sin semilla. Ahora no queda posibilidad alguna de soñar.

Por lo tanto, existen siete tipos de sueños y siete tipos de realidades. Se interpenetran. Esto produce mucha confusión. Sin embargo, te ayudará bastante el hacer una diferenciación entre los siete, aclararte respecto a esto. La psicología aún se halla muy lejos de saber acerca de los sueños. Lo que sabe se refiere sólo a lo fisiológico, y a veces a lo etérico. Sin embargo, el etérico es confundido con lo fisiológico.

Jung ha penetrado un poco más profundamente que Freud, pero su análisis de la mente humana es tomado de forma mitológica, religiosa. Sin embargo, posee la semilla. Si la psicología occidental se desarrolla será a través de Jung, no de Freud. Freud fue el pionero, pero todo pionero se transforma en un obstáculo para un progreso posterior si el apego a sus descubrimientos se vuelve una obsesión. Aun cuando Freud ya está caduco, la psicología occidental aún se halla obsesionada con sus inicios freudianos. Freud debe formar parte de la historia. La psicología debe avanzar más allá.

En Norteamérica están intentando aprender acerca de los sueños mediante métodos de laboratorio. Existen muchos laboratorios de sueños, pero los métodos que ahí se utilizan sólo tocan lo fisiológico.

Deben incorporar el yoga, el tantra y otros entrenamientos esotéricos si desean conocer todo el mundo de los sueños. Cada tipo de sueño tiene una forma de realidad paralela, y si no es conocido todo el *maya*, si no es conocido todo el mundo de la ilusión, será imposible conocer lo real. Es sólo a través de lo ilusorio como podemos conocer lo real.

Sin embargo, no tomen lo que he dicho como una teoría, como un sistema. Considérenlo tan sólo como un punto de partida y comiencen a soñar con una mente consciente. Sólo puedes conocer la realidad cuando llegas a ser consciente en tus sueños.

Ni siquiera estamos conscientes de nuestro cuerpo físico. Somos inconscientes a su respecto. Sólo tomamos contacto con él cuando alguna de sus partes se enferma. Debemos estar conscientes del cuerpo mientras está sano. Estar consciente del cuerpo cuando está enfermo es sólo una medida de emergencia. Es un proceso natural, automático. Tu mente debe alertarse cuando alguna parte de tu cuerpo enferma —para poder cuidar de ella—; sin embargo, apenas mejora, vuelves a tu soñolienta inconsciencia.

Debes tomar conciencia de tu propio cuerpo: su funcionamiento, sus sutiles sensaciones, su música sus silencios. A veces el cuerpo está silencioso; a veces, lleno de ruido; a veces, relajado. La sensación es tan diferente en cada estado que es una lástima que no estés consciente de ellas. Hay sutiles cambios en tu cuerpo cuando te duermes. Cuando te despiertas en la mañana, nuevamente hay cambios. Debemos tomar conciencia de ellos. Cuando estés por abrir los ojos en la mañana, no los abras de golpe. Cuando te des cuenta de que tu sueño está finalizando, toma conciencia de tu cuerpo. No abras aún los ojos. ¿Qué está ocurriendo? Un gran cambio se desarrolla en tu interior. El sueño te abandona y el despertar viene. Has visto levantarse el sol en la mañana, pero nunca has visto levantarse a tu cuerpo. Tiene su propia belleza. En tu cuerpo existe una mañana y un atardecer. Esto es denominado *sandhya*: el momento de la transformación, el momento del cambio.

Cuando te vas a quedar dormido, observa silenciosamente lo que ocurre. El sueño se acerca más y más. ¡Toma conciencia! Sólo entonces podrás tomar real conciencia de tu cuerpo físico. Y en el momento en que tomes conciencia de él, sabrás lo que es un sueño fisiológico. Entonces, en la mañana, podrás distinguir entre los que fueron sueños fisiológicos y los que no lo fueron. Si conoces las sensaciones internas, las necesidades internas, los ritmos internos de tu cuerpo, podrás comprender su lenguaje cuando se reflejen en tus sueños.

No hemos comprendido el lenguaje de nuestros propios cuerpos. El cuerpo tiene su propia sabiduría, acumulada a lo largo de miles y miles de años de experiencia. Mi cuerpo tiene la experiencia de mi padre y de mi madre y de sus padres y madres, y así sucesivamente, siglos y siglos durante los cuales la semilla de mi cuerpo se ha desarrollado en lo que es. Tiene su propio lenguaje. Debemos comprenderlo en primer lugar. Cuando lo comprendas, sabrás lo que es un sueño fisiológico. Y luego, en la mañana, podrás separar los sueños fisiológicos de los no-fisiológicos.

Sólo entonces se abre una nueva posibilidad: tomar conciencia del cuerpo etérico. Sólo entonces, no antes. Te sutilizas. Puedes experimentar niveles más sutiles de sonidos, perfumes, luces. Y cuando caminas, sabes que el cuerpo fisiológico está caminando; el cuerpo etérico no. La diferencia es totalmente clara. Comes. El cuerpo físico come, no así el cuerpo etérico. Existe sed etérica, hambre etérica, anhelos etéricos, pero sólo podrás ver estas cosas cuando conozcas totalmente al cuerpo físico. Y luego, poco a poco, conocerás los demás cuerpos.

El soñar es uno de los aspectos más importantes. Todavía representa algo oscuro, desconocido, escondido. Forma parte de los conocimientos secretos. Sin embargo, ha llegado el momento en que todo lo secreto debe ser revelado. Todo lo que hasta ahora estuvo escondido deberá salir a la luz; mantener la situación por más tiempo será peligroso.

En el pasado fue necesario que ciertas cosas permanecieran en secreto, pues el conocimiento puede ser peligroso en manos de la ignorancia. Esto es lo que está ocurriendo en Occidente con el conocimiento científico. Los científicos se han dado cuenta de la crisis e intentan crear ciencias secretas. Los políticos no debieran haberse enterado de la existencia de las armas nucleares. Los descubrimientos posteriores deben permanecer en secreto. Debemos esperar el momento en que el ser humano sea capaz de manejar el conocimiento sin peligro.

En el dominio de lo espiritual, fue mucho lo que en Oriente se supo. Sin embargo, este conocimiento resultaba peligroso en manos de gente ignorante, de modo que la llave fue ocultada. El conocimiento fue guardado en secreto, transformado en esotérico. Fue transmitido de un individuo a otro, muy cautelosamente. Sin embargo, debido al progreso científico, ha llegado el momento de exponerlo. La ciencia llegará a ser peligrosa si se siguen desconociendo las verdades espirituales, esotéricas. Estas verdades deberán ser expuestas para que el conocimiento espiritual vaya a la par con el conocimiento científico.

El sueño es uno de los dominios esotéricos más gigantescos. He dicho algunas cosas acerca del tema para que comiencen a tomar conciencia, pero no les he transmitido toda la ciencia. No es ni necesario ni útil. He dejado brechas. Si entran en ello, estas brechas se rellenarán automáticamente. Lo que he hablado se refiere al estrato más externo. No les bastará con esto para elaborar una teoría acerca del tema; sin embargo, es suficiente para comenzar.

Capítulo 7

Trascendiendo los siete cuerpos

Afirmas que tenemos siete cuerpos: un cuerpo etérico, un cuerpo mental, y así sucesivamente. A veces resulta difícil adecuar el idioma hindú a los términos que emplea la psicología occidental. No tenemos teorías acerca de esto en Occidente, por lo tanto, ¿qué nombres podemos darles a estos diferentes cuerpos en nuestro lenguaje? El espiritual no es problema; pero ¿y el etérico? ¿El astral? ¿El mental? No podemos denominarlos así. ¿Qué podemos hacer?

Las palabras sí pueden ser traducidas, pero acudiendo a fuentes donde no han buscado. Jung fue mejor que Freud, al menos en lo que respecta a la investigación más allá de la conciencia superficial, pero también Jung es sólo un principio. Pueden informarse más profundamente acerca de estas cosas en la *Antroposofía* de Steiner o en los escritos teosóficos: *Secret Doctrine, Isis Unveiled* y otros de Madame Blavatsky[7], o en los trabajos de Annie Besant, Leadbeater, el Coronel Olcott. Pueden también tener una visión revisando las doctrinas rosacruces. Existe también una gran tradición hermética en Occidente, como también escritos secretos de los esenios, la fraternidad hermética que inició a Cristo. Y, más recientemente, Gurdjieff y Ouspensky pueden ser de ayuda. Así es que pueden hallar fragmentos, y estos fragmentos pueden unificarse.

---

7   *The Secret Doctrine*, por H. P. Blavatsky, Theosophical U. Press, Pasadena, California, 1888. Isis Unveiled, de la misma autora y editorial, fue publicada en 1877. (N. del T.)

Y lo que he dicho lo expresé en su terminología. Una sola de las palabras que utilicé no forma parte de la terminología occidental: el nirvánico.

Los otros seis términos —el físico, el etérico, el astral, el mental, el espiritual y el cósmico— no son hindúes. Pertenecen igualmente al Occidente. Nunca se ha hablado acerca del séptimo en Occidente; no debido a que nadie lo conociera, sino porque el séptimo es imposible de transmitir.

Si estos términos les presentan dificultad, pueden sencillamente decir: «el primero», «el segundo», «el tercero», y así sucesivamente. No intenten explicar a qué se refieren por medio de un nombre: expliquen eso en forma aparte. La descripción será suficiente; la terminología que utilicen es irrelevante.

Estos siete pueden ser enfocados desde tantos ángulos. Al menos en lo que concierne al sueño, pueden utilizarse los términos de Freud, de Jung y de Adler. Lo que ellos llaman lo consciente es el primer cuerpo. El inconsciente es el segundo —no exactamente lo mismo, pero se aproxima lo suficiente—. Lo que ellos denominan el inconsciente colectivo es el tercero —nuevamente, no es exactamente lo mismo, pero se le aproxima.

Y si no existen términos comunes en uso, pueden acuñarse nuevos términos. De hecho, eso es siempre lo mejor, pues las palabras nuevas no tienen connotaciones antiguas. Dado que no tienes asociaciones previas con una palabra nueva, ésta llega a ser más significativa y es comprendida con mayor profundidad. Así pues, es posible acuñar nuevas palabras.

El etérico se refiere a aquello relacionado con el cielo y con el espacio. El astral significa lo más diminuto, el sukshma, lo último, lo atómico, más allá de lo cual la materia deja de existir. Para lo mental no hay problema. Para lo espiritual tampoco. Tampoco para lo cósmico se presenta dificultad alguna.

Entonces llegas al séptimo, al nirvánico. Nirvánico significa cese absoluto, vacío absoluto. Ni siquiera la semilla existe ahora; todo ha cesado. Lingüísticamente, la palabra significa «la extinción de la llama». La llama se ha ido; la luz se ha apagado. No puedes preguntar dónde se ha ido. Sólo ha dejado de existir.

Nirvana significa la llama que se apagó. Ahora no se encuentra en ninguna parte, o bien, en todos lados. No tiene un punto, ni tiempo o momento determinados de existencia. Ahora es el espacio mismo, el tiempo mismo. Es la existencia o la no-existencia: no hace mayor diferencia. Dado que está en todas partes, puedes utilizar cualquiera de los dos términos. Si está en alguna parte, no puede estar en todas partes; y si se encuentra en todas partes, no puede estar en alguna parte; así pues, «en ninguna parte» y «en todas partes» significan lo mismo. Así, para el séptimo cuerpo, tendrán que utilizar la palabra «nirvánico», porque no existe otra mejor para referirse a él.

En sí, las palabras no tienen significado alguno. Sólo las experiencias lo tienen. Sólo una experiencia respecto a estos siete cuerpos tendrá significado para ti. Para ayudarte, existen diferentes métodos a utilizar en cada plano.

Comienza con el cuerpo físico. Luego todas las demás etapas se abrirán para ti. Apenas comiences a trabajar con el primer cuerpo, tendrás destellos del segundo. Así es que hay que comenzar con el físico. Toma conciencia de él en todo momento. Y no sólo en su aspecto exterior. También puedes tomar conciencia de él desde su interior. Puedo tomar conciencia de mi mano tal como la veo desde fuera, pero también tengo una sensación interna de ella. Cuando cierro los ojos no veo mi mano, pero aún está presente una sensación interna de que algo está ahí. Así, no tomen conciencia de su cuerpo como si lo vieran desde afuera. Esto no podrá llevarlos adentro. La sensación interna es bien diferente.

Cuando sientas el cuerpo desde dentro, sabrás por primera vez lo que es estar dentro del cuerpo. Cuando te limitas a verlo desde fuera, no puedes conocer sus secretos. Conoces sólo los límites externos, el aspecto que tu cuerpo ofrece a los demás. Si lo veo de esa forma, lo veo como lo ven los demás, pero no he sabido cómo es para mí. Puedes ver mi mano desde fuera, y yo también. Esto es objetivo. Puedes compartir tu conocimiento de esto conmigo. Sin embargo, mi mano, mirada de esa forma, no es conocida desde el interior. Se ha transformado en propiedad pública. Puedes conocerla tan bien como yo mismo.

Sólo en el momento en que la veo desde dentro llega a ser mía en una forma que no se puede compartir. No puedes conocerla; no puedes saber cómo la siento desde dentro. Solamente yo puedo saberlo. El cuerpo que conocemos no es nuestro cuerpo. Es el cuerpo que todo el mundo conoce en forma objetiva, el cuerpo que un médico puede conocer en un laboratorio. No es el cuerpo que es. Sólo un conocimiento privado y personal puede llevarte a tu interior; el conocimiento público no puede hacerlo. Por eso la fisiología y la psicología, que son observaciones desde el exterior, no han conducido a un conocimiento de nuestros cuerpos internos. Sólo saben acerca del cuerpo físico.

Han surgido tantas disyuntivas debido a esto. Alguien puede sentirse hermoso desde su interior, pero podemos obligarlo a creer que es feo. Si todos nos hemos puesto de acuerdo en eso, él también tendrá que estar de acuerdo. Sin embargo, nadie se siente feo en su interior. La sensación interna es siempre de hermosura.

Este sentimiento exterior no es, en realidad, sentimiento alguno. Es sólo una moda, un criterio impuesto desde fuera. Una persona que es hermosa dentro de una sociedad determinada puede ser fea dentro de otra; una persona que es hermosa en un periodo determinado de la historia puede no serlo en otra época. Sin embargo, el sentimiento más íntimo siempre se refiere a belleza; así, si no hubiese un criterio exterior, la fealdad no existiría. Tenemos una imagen fija de la belleza: la que todo el mundo comparte. Por eso existen la fealdad y la belleza; de otro modo, estos conceptos no existirían. Si todos quedáramos ciegos, nadie sería feo. Todos serían hermosos.

Así, la primera etapa consiste en sentir al cuerpo desde dentro. Desde dentro, sentirán al cuerpo diferente en diferentes situaciones. Cuando te encuentras enamorado, experimentas una sensación interna específica; cuando experimentas odio, el sentimiento interno es diferente. Si le preguntas a Buda, te responderá: «El amor es belleza», porque su sentimiento interno le dice que cuando él ama, se vuelve hermoso. Cuando hay odio, ira, celos, algo ocurre internamente que te hace sentirte feo. Así es que te sentirás diferente en diferentes situaciones, en diferentes momentos, en diferentes estados mentales.

Cuando te sientes holgazán, tendrás una sensación distinta que cuando te sientes activo. Cuando te sientes soñoliento, hay una diferencia. Estas diferencias deben ser distinguidas cuidadosamente. Sólo entonces podrás familiarizarte con la vida interna de tu cuerpo. Entonces conoces la historia interna, la geografía interna de ti mismo en la niñez, en la juventud, en la vejez.

Apenas tomas conciencia totalmente del cuerpo desde adentro, surge automáticamente a la vista el segundo cuerpo. Este segundo cuerpo será ahora conocido desde el exterior. Si conoces el primer cuerpo desde dentro, tomarás conciencia del segundo cuerpo desde el exterior.

Desde fuera del primer cuerpo nunca puedes conocer el segundo; pero desde su interior podrás ver el exterior del segundo cuerpo. Todos los cuerpos tienen dos dimensiones: la externa y la interna. Del mismo modo que una pared tiene dos lados —una cara mira hacia fuera y la otra hacia adentro—, todos los cuerpos tienen un límite, una muralla. Cuando llegas a conocer al primer cuerpo desde adentro, tomas conciencia del segundo desde fuera.

Ahora te encuentras en un punto intermedio: dentro del primer cuerpo y fuera del segundo. Este segundo cuerpo, el cuerpo etérico, es como humo condensado. Puedes atravesarlo sin problema, pero no es transparente; no puedes mirar en su interior desde fuera. El primer cuerpo es sólido. El segundo es igual que el primero en cuanto a la forma, pero no es sólido.

Cuando el primer cuerpo muere, el segundo permanece vivo durante trece días. Viaja contigo. Luego, después de trece días, también muere. Se dispersa, se evapora. Si llegas a conocer al segundo cuerpo mientras el primero aún se encuentre vivo, podrás comprobar este hecho, tomar conciencia de él.

El segundo cuerpo puede separarse del primero. A veces, durante una meditación, este segundo cuerpo sube o baja, y tienes la sensación de que la fuerza gravitacional no ejerce su tirón sobre ti; has dejado el suelo. Pero cuando abras los ojos, te encontrarás en el suelo, y sabrás que has estado ahí todo el tiempo. Esta sensación de elevarse surge del segundo cuerpo, no del primero. Para el segundo cuerpo no existe la gravitación; así, cuando conozcas al segundo, sentirás una cierta libertad que le era desconocida al cuerpo físico. Ahora puedes salir de tu cuerpo y regresar.

Ésta es la segunda etapa si deseas conocer las experiencias de tu segundo cuerpo. Y el método no es difícil. Basta con desear ir fuera y estarás fuera. El deseo mismo es su realización. Para el segundo cuerpo no es necesario hacer ningún esfuerzo, porque no hay tirón gravitacional. Las dificultades del primer cuerpo residen en la fuerza gravitacional. Si deseo visitarte en tu casa, tendré que luchar con la fuerza gravitacional. Pero si no hay gravitación, el sólo deseo será suficiente. Lo deseado ocurrirá.

El cuerpo etérico es el que trabaja durante los estados hipnóticos. El primer cuerpo no se halla involucrado durante la hipnosis: el segundo cuerpo, sí. Por eso una persona con visión perfecta puede quedarse ciega. Si el hipnotizador afirma que te has vuelto ciego, te volverás ciego con sólo creerlo. El cuerpo etérico ha sido influido; la sugestión lo afecta a él. Si te encuentras en trance profundo, tu segundo cuerpo es susceptible de influencias. Una persona perfectamente sana puede ser paralizada sólo con sugerirle «usted se encuentra paralizado». Un hipnotizador no debe utilizar un lenguaje ambiguo. Si dice «parece que usted se ha quedado ciega», no dará resultado. Debe estar totalmente seguro respecto al punto. Sólo entonces será efectiva la sugestión.

Así, en el segundo cuerpo, sólo di: «Estoy fuera del cuerpo». Basta que desees estar fuera, y lo estarás. El sueño de descanso corresponde al primer cuerpo. Es el primer cuerpo —exhausto por el trabajo del día, por la tensión— relajándose. En la hipnosis, es el segundo cuerpo el que duerme. Si se le pone a dormir, puedes trabajar con él.

Cuando contraes una enfermedad, el setenta y cinco por ciento de ella surge del segundo cuerpo y se expande al primero. El segundo cuerpo es tan sugestionable que los estudiantes de primer año de medicina siempre contraen la misma enfermedad que se está estudiando. Comienzan a tener los síntomas. Si se está hablando acerca del dolor de cabeza, todos, sin darse cuenta, se preguntan internamente: «¿Tengo dolor de cabeza? ¿Tengo estos síntomas?». Dado que la introspección afecta al cuerpo etérico, la sugestión penetra y el dolor de cabeza es proyectado, creado.

El dolor del parto no corresponde al primer cuerpo; corresponde al segundo. Así, por medio de la hipnosis, el parto puede resultar totalmente indoloro: sólo a través de la sugestión. Existen sociedades primitivas en las que las mujeres no sienten dolores de parto, sólo porque esa posibilidad nunca se les ha ocurrido. Sin embargo, todos los tipos de civilización crean sugestiones para sus miembros, y estos desarrollan expectativas en este sentido.

Bajo la influencia de la hipnosis, desaparece el dolor. Incluso la cirugía resulta indolora con hipnosis, pues si el segundo cuerpo recibe la sugestión de que no habrá dolor, éste no se presentará. En mi opinión, todo tipo de dolor —y también todo tipo de placer— proviene del segundo cuerpo y se extiende hacia el primero. Así, si la sugestión cambia, aquello que ha resultado doloroso puede convertirse en placentero, y viceversa. Cambien la sugestión, cambien la mente etérica, y todo cambiará. Tan sólo deséenlo totalmente, y ocurrirá. La totalidad es la única diferencia entre un deseo y la voluntad. Cuando deseas algo en forma total y completa, con toda tu mente, se transforma en fuerza de voluntad.

Si deseas totalmente salir de tu cuerpo fisiológico, podrás salir de él. Sólo entonces tendrás la posibilidad de conocer al segundo cuerpo desde dentro. Cuando sales de tu cuerpo físico ya no te encuentras en una posición intermedia: dentro del primero y fuera del segundo. Ahora te encuentras dentro del segundo. El primer cuerpo ya no está.

Ahora podrás tomar conciencia de tu segundo cuerpo desde adentro, del mismo modo como tomaste conciencia del primer cuerpo desde su interior. Toma conciencia de sus procesos internos, de su funcionamiento interno, de su vida interna. La primera vez que lo intentes te resultará difícil; sin embargo, después de eso te encontrarás siempre entre dos cuerpos: el primero y el segundo. Tu centro de atención se encontrará ahora en dos dimensiones, dos dominios.

Apenas te encuentres dentro del segundo cuerpo, estarás fuera del tercero, el astral. En lo que respecta al astral, ni siquiera necesitas la voluntad. Basta con el deseo de encontrarse en su interior. Ya no es necesaria ninguna totalidad. Si deseas entrar en él, puedes hacerlo. El cuerpo astral es un vapor —tal como el segundo cuerpo—, pero es transparente. Así, apenas estés fuera, estarás dentro. Ni siquiera sabrás si te encuentras fuera o dentro, pues el límite es transparente.

Si trabajas a través de tres cuerpos, el cuarto, en cierto sentido, no tiene paredes.

«¿Cuál es el tamaño del tercer cuerpo?».

El mismo, el tamaño será igual. El tamaño sólo cambiará con el sexto, pero hasta el quinto será el mismo.

El cuerpo astral es del mismo tamaño que los primeros dos cuerpos. Hasta el quinto cuerpo, el tamaño es el mismo. El contenido cambia, pero el tamaño será el mismo: hasta el quinto. Con el sexto cuerpo, el tamaño será cósmico. Y con el séptimo, no habrá tamaño en lo absoluto; ni siquiera cósmico.

El cuarto cuerpo no tiene paredes físicas. Desde el interior del tercer cuerpo no existe siquiera una pared transparente. Es sólo un límite, sin paredes, sin murallas físicas, de modo que no existe dificultad alguna en entrar en él, ni tampoco es necesario ningún método. Así, aquel que ha realizado el tercer cuerpo podrá realizar el cuarto muy fácilmente.

Sin embargo, para ir más allá del cuarto, existirá tanta dificultad como la hubo para atravesar el primero, pues ahora desaparece lo mental. El quinto es el cuerpo espiritual. Antes de llegar allí, encontrarás otra pared, pero no en el mismo sentido en que la hubo entre el primer y el segundo cuerpo. La pared separa ahora dos dimensiones diferentes. Corresponde a un plano diferente.

Los cuatro cuerpos inferiores correspondían a un mismo plano. La división era horizontal. Ahora es vertical. Por lo tanto, la pared que separa al cuarto y al quinto cuerpo es mayor que la que separa a cualquiera de los cuerpos inferiores, pues la forma en que miramos corrientemente es horizontal y no vertical. Vemos de lado a lado, no arriba y abajo. Sin embargo, el movimiento desde el cuarto hacia el quinto cuerpo es de un plano inferior hacia uno superior. La diferencia no es entre fuera y dentro, sino entre arriba y abajo. A menos que comiences a mirar hacia arriba, no podrás avanzar hacia el quinto.

La mente siempre mira hacia abajo. Por eso el yoga está contra la mente. La mente fluye hacia abajo, como el agua. El agua nunca ha sido el símbolo de ningún sistema espiritual, pues su naturaleza intrínseca la lleva a fluir hacia abajo. El fuego ha sido el símbolo de tantos sistemas. El fuego se proyecta hacia arriba, nunca hacia abajo. Así, el fuego es el símbolo de la movilización desde el cuarto hacia el quinto cuerpo. Debemos comenzar a mirar hacia arriba; ya no hacia abajo.

¿Cómo mirar hacia arriba? ¿Cuál es la forma? Ustedes deben haber oído que, al meditar, los ojos deben mirar hacia arriba, al *ajna chakra*[8]. Los ojos deben estar enfocados hacia arriba, como si fueras a mirar el interior de tu cráneo. Los ojos son sólo un símbolo. Lo realmente importante es la visión. Nuestra visión, nuestra facultad de ver, se encuentra relacionada con los ojos; así pues, los ojos se transforman en el medio a través del cual incluso la visión interna ocurre. Si enfocas tus ojos hacia arriba, también tu visión se dirigirá hacia arriba.

El Raja yoga comienza con el cuarto cuerpo. Únicamente el Hatha yoga comienza con el primer cuerpo; todos los otros yogas comienzan desde otro punto. La teosofía parte desde el segundo cuerpo, y otros sistemas lo hacen desde el tercero. A medida que la civilización progresa hacia el cuarto cuerpo, a muchas personas les será posible comenzar desde allí. Sin embargo, podrán hacer esto únicamente si en vidas pasadas han realizado los tres cuerpos inferiores. Aquellos que estudian Raja yoga de escrituras, *swamis* o gurús sin saber si han realizado los tres primeros cuerpos, sufrirán una desilusión, pues no se puede comenzar con el cuarto. Antes se deben superar los tres anteriores. Sólo entonces se puede abordar el cuarto.

El cuarto es el último cuerpo desde el cual es posible comenzar. Existen cuatro yogas: Hatha yoga para el primer cuerpo, Mantra yoga para el segundo, Bhakti yoga para el tercero y Raja yoga para el cuarto. Antiguamente todo el mundo debía comenzar con el primer cuerpo, pero ahora existen tantos tipos de personas: uno ha trabajado hasta el segundo cuerpo en una vida anterior, otro hasta el tercero, etcétera. Sin embargo, al menos en lo que al sueño respecta, debemos comenzar con el primer cuerpo. Sólo en esa forma se puede conocer el sueño en toda su extensión, en todo su espectro.

Así, en el cuarto cuerpo, tu conciencia debe ser como el fuego: debe dirigirse hacia arriba. Existen muchas formas de comprobar si esto se está haciendo correctamente. Por ejemplo, si la mente fluye hacia el sexo, será como el agua que cae, pues el centro sexual se encuentra abajo. En el cuarto cuerpo, uno debe partir dirigiendo los ojos hacia arriba, no hacia abajo.

---

8 El *ajna chakra*, el espacio entre las dos cejas, es conocido como el tercer ojo.

Si la conciencia debe dirigirse hacia arriba, debe partir desde un centro que se encuentre por encima de los ojos, no debajo de ellos. Existe sólo un centro por encima de los ojos a partir del cual el movimiento pueda dirigirse hacia arriba: el *ajna chakra*. Ahora los dos ojos deben enfocarse hacia arriba, hacia el tercer ojo.

El tercer ojo ha sido recordado en muchas formas. En India, la distinción entre una virgen y una mujer casada se realiza mediante una marca de color sobre el tercer ojo de esta última. Una virgen debe mirar hacia abajo, hacia el centro sexual; sin embargo, cuando se casa debe comenzar a mirar hacia arriba. El sexo debe cambiar; ella debe transformarse en una madre. Ahora su jornada se dirige hacia la no sexualidad —o bien, a trascender la sexualidad—. Una *tilak*, una marca de color sobre el tercer ojo, la ayuda a recordar que debe mirar hacia arriba.

Se han utilizado marcas *tilak* en las frentes de tantos tipos de personas: *sannyasins*[9], devotos... tantos tipos de marcas de color. O bien, se puede utilizar *chandan* (pasta de madera de sándalo). Cuando los dos ojos comienzan a mirar hacia arriba, al tercer ojo, se produce un gran fuego en ese centro; aparece una sensación de ardor. El tercer ojo está comenzando a abrirse y debe mantenérsele fresco. Así, en India se utiliza pasta de madera de sándalo. No sólo es fresca; tiene un perfume especial que se halla relacionado con el tercer cuerpo y con el trascenderlo. La frescura del perfume y el punto donde se le coloca se transforman en una atracción hacia arriba, en un recuerdo del tercer ojo.

Si ustedes cierran los ojos y yo coloco mi dedo sobre la ubicación de su tercer ojo, no estaré realmente tocando su tercer ojo, pero igual comenzarán a sentirlo. Incluso con esta presión basta. Apenas el leve contacto del dedo. Así pues, también es suficiente el perfume, su delicado contacto y su frescura. De ese modo, su atención se estará movilizando siempre desde sus ojos hacia su tercer ojo.

Así, para cruzar el cuarto cuerpo existe solamente una técnica, un método: mirar hacia arriba. La posición invertida del cuerpo, *shirshasan* (parada de cabeza), fue utilizada como método para lograr esto, pues comúnmente los ojos miran hacia abajo. Si te paras de cabeza, aún estarás mirando hacia abajo, pero ahora el abajo es arriba. El flujo de tu energía hacia abajo se convertirá en un flujo ascendente.

---

9 Los sannyasins son personas que han formulado votos de renuncia al mundo, en algún sentido: celibato, pobreza u otros. Sin embargo, los neosannyasins de Osho tienen una actitud totalmente diferente a los demás. Él los estimula a amar todas las manifestaciones de la vida, a celebrar, a regocijarse. (N. del T.).

Por eso al meditar, aun sin saberlo, algunas personas adoptarán posiciones invertidas. Comenzarán a hacer *shirshasan*, pues el flujo de energía ha experimentado un cambio. Sus mentes se hallan tan condicionadas al flujo descendente que, cuando la energía cambia de dirección, se sentirán incómodos. Cuando comiencen a pararse de cabeza se sentirán cómodos nuevamente, pues el flujo de energía será nuevamente descendente. Sin embargo, no será descendente. En relación con sus centros, sus *chakras*, la energía seguirá movilizándose en forma ascendente.

Así, el *shirshasan* ha sido utilizado como un método para movilizarse desde el cuarto hacia el quinto cuerpo. Lo principal es recordar que hay que mirar hacia arriba. Esto puede hacerse mediante el *tratak* (mirar un objeto fijo), mediante la concentración en el sol, mediante tantos objetos diferentes. Sin embargo, es mejor hacerlo en forma interna. ¡Sólo cierren los ojos!

Pero antes deberán atravesar los primeros cuatro cuerpos. Sólo así podrá ser útil; no de otro modo. En caso contrario, puede ser perturbador, puede producir todo tipo de enfermedades mentales, pues toda la regulación del sistema se hará añicos. Los cuatro cuerpos miran hacia abajo, y con tu mente interna estarás mirando hacia arriba. En esa situación es muy posible que sobrevenga la esquizofrenia.

En mi opinión, la esquizofrenia es resultado de una situación como ésta. Por ese motivo la psicología común no puede profundizar en la esquizofrenia. La mente esquizofrénica trabaja simultáneamente en direcciones opuestas: estás parado fuera y miras hacia dentro; estás parado fuera y miras hacia arriba. Todo tu sistema debe estar en armonía. Si no has conocido tu cuerpo físico desde dentro, tu conciencia debiera mirar hacia abajo. Eso será sano; la regulación será correcta. No debes nunca intentar que una mente centrada en el exterior se focalice hacia arriba; la consecuencia sería la esquizofrenia, la división.

Nuestras civilizaciones, nuestras religiones, han sido la causa fundamental de la personalidad dividida de la humanidad. No les ha interesado la armonía total. Existen profesores que enseñan métodos para movilizarse hacia arriba a personas que ni siquiera se encuentran dentro de sus cuerpos físicos. El método comienza a dar resultado y parte de la persona permanece fuera de su cuerpo mientras que una segunda parte se moviliza hacia arriba. Se producirá entonces una escisión entre las dos. Se transformará en dos individuos: a veces esto, a veces lo otro, Jekyll y Hyde.

Es muy posible que una persona llegue a ser siete individuos al mismo tiempo. Entonces la escisión será total. Ha llegado a ser siete energías diferentes. Una parte de él se moviliza hacia abajo, adherida al primer cuerpo; otra parte se encuentra atada al segundo; otra al tercero. Una parte va hacia arriba; otra se dirige a otra parte. No tiene centro alguno.

Gurdjieff solía decir que tal persona es como una casa donde el amo se encuentra ausente, y en donde cada sirviente quiere asumir el rol del amo. Y nadie podrá contradecirlos, pues el amo se encuentra ausente. Cuando alguien viene a la casa y golpea la puerta, el sirviente que se encuentre más cerca será el amo. Al día siguiente, otro sirviente abrirá la puerta y asegurará que él es el amo.

Un esquizofrénico no tiene centro. ¡Y todos somos así! Nos hemos limitado a ajustamos a la sociedad. La diferencia es sólo de grado. El amo está ausente o dormido, y cada parte de nosotros alega ser el propietario. Cuando el apremio sexual se presente, el sexo será el amo. Todo será negado: tu mortalidad, tu familia, tu religión. El sexo se transforma en el propietario absoluto de la casa. Y luego, cuando el sexo se ha ido, viene la frustración. Tu razón toma las riendas y afirma: «Yo soy el amo». Ahora la razón reclama toda la casa y le negará al sexo un hogar.

Todos reclaman toda la casa. Cuando la ira se presenta, se transforma en el amo. En ese momento no habrá razón, no habrá conciencia. Nada podrá interferir con la ira. Por eso no podemos comprender a los demás. Una persona que sentía amor se pone iracunda, y súbitamente el amor desaparece. Ahora no sabemos si siente amor o si no lo siente. El amor era sólo un sirviente, y también la ira es sólo un sirviente. El amo no está. Por eso, por lo general, no podemos confiar en nadie. El otro no es amo de sí mismo; cualquier sirviente puede tomar el poder. No es un individuo definido; no es una unidad.

Lo que estoy diciendo es que no debiéramos experimentar con técnicas para mirar hacia arriba antes de haber atravesado los primeros cuatro cuerpos. De otra forma, se creará una brecha imposible de franquear, y tendremos que esperar la próxima vida para comenzar nuevamente. Es preferible practicar técnicas que comiencen desde el principio. Si has atravesado tus primeros tres cuerpos en vidas anteriores, lo harás nuevamente en poco tiempo. No habrá ninguna dificultad. Conoces el territorio; conoces el camino. Se te presentan. Los reconoces; ¡y los habrás cruzado! Entonces podrás avanzar. Así es que siempre insisto en que comiencen con el primer cuerpo. ¡Todos por igual!

Avanzar más allá del cuarto cuerpo es lo más significativo. Hasta el cuarto cuerpo eres humano. Ahora eres sobrehumano. En el primer cuerpo eres sólo un animal. Sólo con el segundo cuerpo aparece tu humanidad. Y sólo con el cuarto florece completamente. La civilización nunca ha avanzado más allá del cuarto. Trascender el cuarto es trascender lo humano. No podemos clasificar a Cristo como un ser humano. Un Buda, un Mahavira, un Krishna se encuentran más allá de lo humano. Son sobrehumanos.

La mirada hacia arriba representa un salto desde el cuarto cuerpo. Cuando observo mi primer cuerpo desde fuera de él, soy sólo un animal con la posibilidad de transformarme en ser humano. La única diferencia es que yo puedo llegar a ser humano y el animal no. Al menos en lo que a este punto respecta, ambos nos encontramos por debajo de la humanidad; somos subhumanos. Sin embargo, yo tengo la posibilidad de ir más allá. Y, a partir del segundo cuerpo, ocurre el florecimiento del ser humano.

Incluso aquel que se encuentra en la etapa del cuarto cuerpo nos parece sobrehumano. No lo es. Un Einstein o un Voltaire parecen sobrehumanos, pero no lo son. Son el florecimiento total del ser humano y, puesto que nosotros nos encontramos por debajo de lo humano, ellos están por encima de nosotros. Sin embargo, no se encuentran por encima de lo humano. Sólo un Buda, un Cristo o un Zaratustra son más que humanos. Al mirar hacia arriba, al dirigir su conciencia más arriba del cuarto cuerpo, han atravesado el límite de la mente; han trascendido el cuerpo mental.

Existen parábolas que vale la pena comprender. Mahoma, dirigiendo su vista hacia lo alto, afirma que algo le ha llegado desde arriba. Interpretamos este arriba en forma geográfica; así, el cielo se transforma en la morada de los dioses. Para nosotros, arriba significa el cielo; abajo significa el estrato por debajo de la tierra. Sin embargo, el interpretarlo en esta forma significa que el símbolo no ha sido comprendido. Cuando Mahoma dirige la vista hacia arriba, no mira al cielo; mira hacia el *ajna chakra*. Cuando afirma que algo le ha llegado desde arriba, su sensación es correcta. Sin embargo, «arriba» tiene un significado diferente para nosotros.

En todas las ilustraciones, Zaratustra mira hacia arriba. Sus ojos nunca se dirigen hacia abajo. Miraba hacia arriba cuando vio lo divino por primera vez. Lo divino se le manifestó como fuego. Por eso los persas han adorado al fuego. Esta sensación de fuego surge del ajna chakra. Cuando diriges la vista hacia arriba, el punto se siente ardiente, como si todo se estuviese quemando. Este fuego te transforma. El ser inferior se quema, deja de existir, y nace el ser superior. Ese es el significado de «pasar por el fuego».

Después del quinto cuerpo, aún te movilizas a otro dominio, otra dimensión. En los primeros cuatro cuerpos, el movimiento es desde fuera hacia dentro; del cuarto al quinto es desde abajo hacia arriba; a partir del quinto es del ego al no-ego. Ahora la dimensión es diferente. Ya no se trata de fuera, dentro, arriba o abajo. Se trata de «yo» y «no-yo». Ahora el punto es si hay un centro o no lo hay.

Una persona no tiene un centro hasta que alcanza el quinto cuerpo: se halla dividido en diferentes partes. Sólo para el quinto cuerpo existe un centro, una unidad. Sin embargo, el centro es el ego. Ahora, este centro será una cortapisa para el progreso futuro. El paso que antes era una ayuda ahora es un obstáculo para seguir avanzando. Debes abandonar cada puente que atravieses. Te fue útil para poder cruzar, pero se transformará en un obstáculo si te aferras a él.

Hasta el quinto cuerpo, era necesario crear un centro. Gurdjieff señala que este quinto centro es la cristalización. Ahora ya no hay sirvientes, el amo ha tomado él mando. Ahora el amo es el amo. Ha despertado, ha regresado. Cuando el amo está presente, los sirvientes se apaciguan, se silencian.

Así, cuando entras en el quinto cuerpo, el ego se cristaliza. Pero ahora, si deseas seguir avanzando, debes abandonar nuevamente esta cristalización. Abandonarla en el vacío, en lo cósmico. Sólo aquel que tiene puede perder; así, hablar de no-ego antes del quinto cuerpo es un disparate, un absurdo. No tienes un ego, ¿cómo podrías perderlo?

O bien, puedes decir que tienes muchos egos, cada sirviente tiene un ego. Tienes un ego-múltiple, tienes una multipersonalidad, una multipsique, pero no un ego unificado. No puedes perder el ego, pues no lo tienes. Un hombre rico puede renunciar a sus riquezas, pero un pordiosero no puede hacerlo. No tiene nada a lo cual renunciar, nada que perder. Sin embargo, existe gente pobre que piensa en la renuncia. Un hombre rico teme la renuncia porque tiene algo que perder, pero un hombre pobre siempre está listo a renunciar. Está dispuesto, pero no tiene nada a lo cual renunciar.

El quinto cuerpo es el más rico. Es la culminación de todo aquello que le es posible a un ser humano. El quinto es el cenit de la individualidad, el cenit del amor, de la compasión, de todo aquello que es valioso. Las espinas han quedado atrás. Ahora, también la flor deberá desaparecer. Entonces sólo el perfume permanecerá; la flor habrá desaparecido.

El sexto es el dominio del perfume, del perfume cósmico. No hay flor, no hay centro. Hay una circunferencia, pero no hay centro. Puedes decir que ahora todo se ha transformado en un centro; o bien, que ya no hay centro. Sólo hay una sensación difusa. No hay escisión, no hay división; ni siquiera la división entre el «yo» y el «no-yo», el «yo» y el «otro». No hay divisiones en lo absoluto.

Así, el individuo puede perderse en dos formas: una, esquizofrénico, dividiéndose en muchas subpersonas; y la otra, cósmica: perderse en lo esencial, en lo más grande, el Brahma; perderse en el espacio. Ahora la flor no está, pero sí está su perfume.

La flor también es un trastorno; sin embargo, cuando sólo el perfume está, todo es perfecto. La fuente que lo origina ha desaparecido, de modo que él no puede desaparecer. Es imperecedero. Todo aquello que tiene una fuente, un origen, morirá; sin embargo, ya la flor no está, la fuente ya no está. Nada produce al perfume, de modo que no tendrá muerte ni limitaciones. Una flor tiene limitaciones; el perfume es ilimitado. No hay obstáculos que lo detengan. Sigue y sigue, y trasciende.

Por tanto, desde el quinto cuerpo ya no se trata de un arriba, abajo, a los lados, dentro, fuera. Se trata de estar con un ego o de estar sin él. Y el ego es lo más difícil de perder. El ego no representa un problema antes de alcanzar el quinto cuerpo, pues el progreso lo gratifica. Nadie desea ser esquizofrénico; todos prefieren tener una personalidad cristalizada. Así, todos los *sadhaka*, todos los buscadores, pueden progresar hasta el quinto cuerpo.

No existe método alguno para movilizarse más allá del quinto cuerpo, pues cualquier forma de método se halla ligado al ego. Si utilizas un método, el ego se fortalece. Por tanto, aquellos que se interesan en avanzar más allá del quinto hablan del no-método. Hablan de la ausencia de método, de la ausencia de técnicas. Ahora ya no hay un cómo. A partir del quinto, ya no cabe método alguno.

Puedes utilizar un método hasta alcanzar el quinto; a partir de ese momento, ningún método será útil, pues aquel que los utiliza debe desaparecer. Si utilizas algo, el usuario se fortalecerá. Su ego seguirá cristalizándose; se volverá un núcleo de cristalización. Por esa razón aquellos que se han quedado en el quinto cuerpo afirman que hay cantidad infinita de almas, cantidad infinita de espíritus. Conciben cada espíritu como si fuese un átomo. Dos átomos no pueden reunirse. No tienen ventanas, no tienen puertas; se encuentran cerrados a todo lo externo.

El ego no tiene ventanas. Puedes utilizar una palabra de Leibniz: mónadas. Aquellos que permanecen en el quinto cuerpo se transforman en mónadas: átomos sin ventanas. Ahora estás sólo, y sólo, y sólo. Sin embargo, este ego cristalizado debe disolverse. ¿Cómo deshacerse de él sin un método? ¿Cómo trascenderlo si no hay un camino? ¿Cómo huir de él? No hay una puerta. Los monjes zen hablan de la puerta sin puerta. Ahora ya no hay puerta; y, sin embargo, aún debemos cruzarla.

¿Qué hacer, entonces? Lo primero: no identificarse con esta cristalización. Toma conciencia de esta casa cerrada del «yo». Tan sólo toma conciencia —no hagas nada— ¡y habrá una explosión! Te encontrarás más allá de ella.

Existe una parábola en el zen…

Un huevo de ganso es colocado en el interior de una botella. El ganso sale del huevo y comienza a crecer, pero el cuello de la botella es tan pequeño que el ganso no puede salir de ella. Crece más y más, y la botella llega a ser demasiado pequeña para vivir en ella. Ahora hay dos posibilidades: destruir la botella para salvar al ganso o dejar que éste muera. Los buscadores han preguntado: «¿Qué es lo que hay que hacer? No queremos perder a ninguno de los dos. Debemos salvar al ganso y también a la botella.

¿Qué hacer?». Éste es el planteamiento del quinto cuerpo. Cuando ya no hay salida y el ganso sigue creciendo, cuando la cristalización se ha consolidado, ¿qué hacer?

El buscador se encierra en un cuarto y reflexiona sobre el punto. ¿Qué debe hacerse? Sólo dos alternativas parecen posibles: o destruir la botella y salvar al ganso, o dejar que el ganso muera y salvar la botella. El pensador se devana los sesos. Cree hallar la solución, pero después la descarta porque no hay forma de llevarla a la práctica. El maestro lo envía a pensar un poco más.

Por muchas noches y muchos días el buscador sigue pensando, pero no encuentra forma de resolver el problema. Finalmente, llega el momento en que deja de pensar. Sale corriendo y gritando: «¡Eureka! ¡El ganso está fuera!». El maestro nunca pregunta cómo, pues todo el asunto es un absurdo.

Para movilizarse más allá del quinto cuerpo, el problema se transforma entonces en un *koan* zen. Debiéramos solamente tomar conciencia de la cristalización ¡y el ganso estará fuera! Llega el momento en que estás fuera; ya no hay un «yo». La cristalización se ha obtenido y se ha perdido. Para el quinto, la cristalización (el centro, el ego) era esencial. Como tránsito, como puente, era una necesidad; de otro modo, el quinto cuerpo no podía ser atravesado. Pero ahora ya no es necesaria.

Existen personas que han alcanzado el quinto sin atravesar el cuarto. Una persona que tiene muchas riquezas ha alcanzado el quinto; se ha cristalizado, en cierto modo. Una persona que ha llegado a presidente de un país también ha cristalizado, en cierta forma. Un Hitler, un Mussolini, han obtenido una forma de cristalización. Pero la cristalización se halla en el quinto cuerpo. Si los cuatro cuerpos inferiores no están armonizados con ello, la cristalización se transforma en una enfermedad. Mahavira y Buda también se hallan cristalizados, pero su cristalización es diferente.

Todos ansiamos colmar el ego, debido a una necesidad muy interna de alcanzar el quinto cuerpo. Sin embargo, si elegimos un atajo, al final nos habremos extraviado. Existen atajos a través de la riqueza, el poder, la política. El ego puede colmarse, pero será una cristalización falsa; no se halla en armonía con tu personalidad total. Es como un callo que se forma y cristaliza en tu pie. Es una cristalización falsa, un producto anormal, una enfermedad.

Si el ganso sale en el quinto, te encontrarás en el sexto. Del quinto al sexto se encuentra el dominio del misterio. Hasta el quinto podrás utilizar métodos científicos, así es que el yoga es útil. Sin embargo, después de eso no tendrá validez, pues el yoga es una metodología, una técnica científica.

En el quinto, el zen es muy útil. Es un método para avanzar del quinto al sexto. El zen floreció en Japón, pero comenzó en India. Sus raíces provienen del yoga. El yoga floreció en el zen.

El zen ejerce mucho atractivo en Occidente, pues el ego occidental se encuentra, en cierto sentido, cristalizado. Los occidentales son los amos del mundo: lo tienen todo. Sin embargo, el ego se ha cristalizado mediante el proceso equivocado. No se ha desarrollado a través de la trascendencia de los primeros cuatro cuerpos. Así pues, el zen es atractivo para Occidente, pero no será útil, pues la cristalización es incorrecta. Gurdjieff le es mucho más útil a Occidente, pues él trabaja los primeros cinco cuerpos. Después del quinto cuerpo, deja de prestar utilidad. Sólo hasta el quinto, hasta la cristalización. Mediante sus técnicas, podrán alcanzar una cristalización correcta.

El zen ha sido sólo una moda en Occidente, pues sus raíces provienen de otra parte. Se desarrolló a través de un proceso muy prolongado en Oriente, comenzando con el Hatha yoga y culminando en el Buda. Miles y miles de años de humildad: no de ego, sino de pasividad; no de acción positiva, sino de receptividad: una larga permanencia de la mente femenina, la mente receptiva. Oriente siempre ha sido femenino, mientras que Occidente es masculino: agresivo, positivo. Oriente ha sido una apertura, una receptividad. El zen pudo ser útil en Oriente porque otros métodos, otros sistemas, trabajaban con los cuatro cuerpos inferiores. Estos cuatro fueron las raíces, y el zen pudo florecer.

Hoy en día, el zen ha llegado a perder casi totalmente su valor en Japón. El motivo es que el Japón se ha occidentalizado por completo. Hubo un tiempo en que los japoneses eran las personas más humildes; sin embargo, actualmente su humildad es sólo una pose. Ya no forma parte de su naturaleza más básica. Así, el zen ha sido desarraigado del Japón y ahora su popularidad está en Occidente. Sin embargo, esta popularidad se debe sólo a una falsa cristalización del ego.

En el tránsito del quinto al sexto cuerpo, el zen resulta muy útil. Pero sólo en ese momento; ni antes ni después. Es totalmente inútil para los otros cuerpos, incluso dañino. Enseñar cursos de nivel universitario en la escuela primaria no es solamente inútil: puede ser dañino.

Si se utiliza el zen antes del quinto cuerpo, podrás experimentar el *satori*, pero eso no es el *samadhi*[10]. El *satori* es un falso *samadhi*. Es un vistazo al *samadhi*, pero sólo un vistazo. Al menos en lo que respecta al cuarto cuerpo (el cuerpo mental), el *satori* te hará más artístico, más estético. Creará en ti un sentido de la belleza; producirá una sensación de bienestar. Sin embargo, no será de ayuda para la cristalización. No te ayudará a movilizarte desde el cuarto hacia el quinto cuerpo.

Sólo después de la cristalización es útil el zen. El ganso se encuentra fuera de la botella, sin un cómo. Sin embargo, sólo en este momento puede practicársele, después de haber utilizado tantos otros métodos. Un pintor puede pintar con los ojos cerrados; puede pintar como si fuese un juego. Un actor puede actuar como si no estuviese actuando. En realidad, la actuación llega a ser perfecta sólo cuando no parece actuación. Sin embargo, en ello se han invertido muchos años de trabajo, muchos años de práctica.

Ahora el actor se encuentra totalmente relajado, pero esa soltura no se logra en un sólo día. Tiene sus propios métodos.

Caminamos, pero nunca sabemos cómo lo hacemos. Si alguien te pregunta cómo caminas, respondes: «Sólo camino. No hay un cómo implícito». Sin embargo, el cómo tiene lugar cuando un niño comienza a caminar. Aprende. Si le dijeras al niño que no precisa de métodos para caminar —«Camina, simplemente»—, sería una insensatez. El niño no entendería. Krishnamurti ha hablado en esta forma; les ha hablado a adultos con mentes de niño, diciéndoles: «Ustedes pueden caminar. ¡Simplemente, caminen!». La gente escucha. Se fascinan. ¡Fácil! Caminar sin utilizar métodos. Entonces, todos podrán caminar.

---

10 Para una descripción más completa de la diferencia entre *satori* y *samadhi*, vea el capítulo pertinente en *Meditación: el arte del éxtasis*, de Osho Gaia Ediciones.

Krishnamurti también resulta atractivo en Occidente, y sólo debido a esto. Si observan el Hatha yoga, el Mantra yoga, el Bhakti yoga, el raja yoga o el tantra, parecerán tan lentos, tan trabajosos, tan difíciles. Se necesitan siglos de trabajo, vidas y más vidas. No pueden esperar. Debe haber algún atajo, algún tipo de truco instantáneo. Así, Krishnamurti los atrae. Les dice: «Tan sólo caminen. Caminen hacia Dios. No existe método». Sin embargo, el no-método es lo más difícil de alcanzar. Actuar como si uno no estuviese actuando, hablar como si no se estuviese hablando, caminar relajadamente como si uno no caminara; todo eso se basa en un esfuerzo muy prolongado.

El trabajo y el esfuerzo son necesarios. Sin embargo, tienen una limitación. Sólo se les necesita hasta el quinto cuerpo, pues son inútiles para avanzar del quinto al sexto. No irás a ninguna parte; el ganso nunca saldrá.

Ése es el problema con los yoguis hindúes. Les resulta difícil atravesar el quinto, pues se encuentran fascinados, hipnotizados por los métodos. Siempre han trabajado con un método. Han seguido un método preciso y claro hasta el quinto, y progresaron con facilidad. Representó un esfuerzo; ¡y pudieron hacerlo! No fue problema para ellos la intensidad con la que debieran trabajar, ni el esfuerzo que desplegaron. Sin embargo, en el quinto deberán cruzar la frontera entre el método y el no-método. Ahora se encuentran en desventaja. Se sientan, se detienen. Y para muchos buscadores, el quinto es el final.

Por eso se habla de cinco cuerpos y no de siete. Aquellos que sólo han alcanzado el quinto creen que ése es el último. No es el final; es un nuevo comienzo. Ahora deberemos trascender la individualidad. El zen, o los métodos como el zen, pueden ser útiles si se les trabaja relajadamente.

El *zazen* significa permanecer sentado sin hacer nada. Una persona que ha hecho mucho no puede concebir esto. ¡Tan sólo estar sentado sin hacer nada! Es inconcebible. Un Gandhi no puede imaginárselo. Él dirá: «Debo hacer algo. Esta es mi oración, mi meditación». Para él, no-acción significa no hacer nada. La no-acción tiene su propio dominio, su propio éxtasis, su propia regulación; pero eso es del quinto al sexto cuerpo. No puede ser comprendido antes de eso.

Del sexto al séptimo, ni siquiera está el no-método. El método se pierde en el quinto, y el no-método en el sexto. Un día simplemente te encuentras en el séptimo.

Incluso el cosmos se ha ido; sólo la nada es. Sólo ocurre. Es algo que ocurre del sexto al séptimo. Inmotivado, desconocido.

Sólo cuando es inmotivado puede ser discontinuo con lo que ocurrió antes. Si hay un motivo, una causa, habrá una continuidad y el ser no podrá disolverse, incluso en el séptimo. El séptimo es el no-ser total: nirvana, vacío, no-existencia.

No es posible continuidad alguna al movilizarse de la existencia a la no-existencia. Es sólo un salto, inmotivado. Si hubiese una causa, habría una continuidad, y todo sería igual que en el sexto cuerpo. Así que ni siquiera podemos hablar de movilizamos del sexto al séptimo. Es una discontinuidad, una brecha. Algo era y algo es ahora: y no existe relación entre las dos cosas.

Algo acaba de finalizar y algo acaba de comenzar. No existe relación entre ambas cosas. Es como si un invitado se hubiese ido por una puerta y otro invitado hubiese entrado por otra. No hay relación entre la ida de uno y la llegada del otro. Son sucesos desconectados entre sí.

El séptimo cuerpo es lo supremo, pues ahora has atravesado incluso el mundo de la causalidad. Te has ido a la fuente original, la que era antes de la creación y que estará después de la aniquilación. Así, del sexto al séptimo ni siquiera hay un no-método. Nada es de ayuda; todo puede ser un obstáculo. De lo cósmico a la nada hay sólo una ocurrencia, inmotivada, para la cual no se necesita preparación ni intención.

Ocurre de forma instantánea. Sólo debes recordar una cosa: no debes aferrarte al sexto. Si te aferras, no te movilizarás al séptimo. No existe forma positiva de movilizarse hacia el séptimo, pero puede haber una cortapisa negativa. Puedes aferrarte al Brahma, al cosmos. Puedes decir: «¡Lo he logrado!». Aquellos que dicen haberlo logrado no pueden progresar al séptimo.

Aquellos que dicen: «He conocido», permanecen en el sexto. Así, aquellos que escribieron los Vedas permanecieron en el sexto. Sólo un Buda atraviesa el sexto, pues dice: «No sé, no conozco». Se niega a dar respuesta a las preguntas últimas. Responde: «Nadie sabe. Nadie ha sabido». Buda no pudo ser comprendido. Aquellos que lo escucharon dijeron: «No, nuestros maestros supieron. Ellos dicen que Brahma es». Pero Buda habla del séptimo cuerpo. Ningún maestro puede afirmar que ha conocido al séptimo, pues apenas lo afirme perderá contacto con él. Una vez que lo has conocido, no puedes hablar. Hasta el sexto cuerpo, los símbolos pueden resultar expresivos; sin embargo, no hay símbolo alguno para el séptimo. Es sólo un vacío.

Hay un templo en China que se encuentra totalmente vacío. No hay nada en su interior: ni imágenes, ni escrituras, nada. Son sólo paredes llanas, desnudas. Incluso el sacerdote vive fuera. Él dice: «Un sacerdote sólo puede estar fuera del templo; no puede estar dentro». Si le preguntan al sacerdote dónde se encuentra la divinidad del templo, les responderá: «¡Véanla!»; y ahí está el vacío, no hay nadie. Les dirá: «¡Vean! ¡Aquí! ¡Ahora!»; y sólo hay un templo desnudo, llano y vacío.

Si buscas objetos, no podrás cruzar del sexto al séptimo. Así pues, hay preparaciones negativas. Es preciso una mente negativa, una mente que no ansíe nada, ni siquiera el moksha, ni siquiera la liberación, ni siquiera el nirvana, ni siquiera la verdad; una mente que no espera nada: ni siquiera Dios, ni siquiera Brahma. Sólo es, sin ansias, sin deseos, sin anhelos. Sólo es. Entonces, ocurre... e incluso el cosmos se ha ido. Así, puedes llegar al séptimo en forma gradual. Comienza con el físico y trabaja el etérico. Luego el astral, el mental, el espiritual. Hasta el quinto podrás trabajar y luego, en adelante, sólo estar consciente. El hacer ya no es lo importante; la conciencia lo es.

Y, finalmente, del sexto al séptimo, aun la conciencia deja de ser importante. Sólo ser. Ésa es la potencialidad de nuestras semillas. Ésta es nuestra posibilidad.

Capítulo 8

Exigencia y aceptación

Dinos algo acerca de las tensiones y la relajación
de los siete cuerpos.

La fuente original de toda tensión es proyectarse hacia el futuro, en un «llegar a ser». Uno está siempre intentando transformarse en algo; nadie está contento consigo mismo tal como está. Tal como estamos, no nos aceptamos, nos negamos; entonces, buscamos un ideal en el cual transformarnos. Así, la tensión fundamental se produce entre lo que eres y aquello en lo que ansías transformarte.

Deseas transformarte en algo. La tensión significa que no te agrada lo que eres y que anhelas llegar a ser aquello que no eres. Se produce tensión entre estos dos aspectos. No importa en qué desees transformarte. Si deseas ser rico, famoso, poderoso; o incluso si deseas liberarte, ser divino, inmortal, aun si ansias la liberación, el *moksha*, aun en ese caso la tensión estará presente.

Cualquier cosa que anheles realizar en el futuro, y que se oponga a ti tal como eres, producirá tensión. Cuanto más difícil sea lograr el ideal, más tensión habrá. Por lo tanto, una persona materialista no será, en general, tan tensa como la que es religiosa, pues la persona religiosa busca lo imposible, aquello que está lejos. La distancia es tan grande que sólo una fuerte tensión podrá llenar la brecha.

La tensión alude a una brecha entre lo que eres y aquello que anhelas ser. Si la brecha es grande, la tensión será grande. Si la brecha es pequeña, la tensión será pequeña. Y si no existe brecha alguna, querrá decir que estás satisfecho contigo mismo. En otras palabras, no deseas ser otra cosa que lo que eres. Entonces tu mente se centrará en el presente. No hay motivo para estar tenso; te encuentras bien contigo mismo. Te encuentras en el Tao. En mi opinión, si no hay brecha, eres religioso, te encuentras en el *dharma*.

La brecha puede presentar muchos estratos. Si el anhelo es físico, la tensión será física. Cuando buscas tener un cuerpo determinado, una forma determinada —si buscas algo diferente de lo que eres a nivel físico—, habrá tensión en tu cuerpo físico. Quieres ser más bello: tu cuerpo se tensa. La tensión se inicia en el primer cuerpo, el fisiológico, pero si se mantiene, si es constante, puede profundizarse y expandirse a los otros niveles de tu ser.

Si anhelas poderes psíquicos, la tensión se iniciará en el nivel psíquico y se extenderá. Esta difusión es similar a la que se produce cuando arrojas una piedra a un lago. Ésta cae en un punto determinado, pero las vibraciones que se producen se difunden hasta el infinito. Así pues, la tensión puede originarse en cualquiera de los siete cuerpos, pero la fuente original es siempre la misma: la brecha existente entre un estado que es y un estado que se busca, que se anhela.

Si tienes un tipo determinado de mente y deseas modificarla, transformarla —si deseas ser más hábil, más inteligente—, habrás producido tensión. Sólo si nos aceptamos totalmente desaparece la tensión. Esta aceptación total es el milagro, el único milagro. Hallar a una persona que se ha aceptado totalmente a sí misma es lo único que debería sorprendernos.

La existencia misma no involucra tensión. La tensión siempre se presenta cuando aparecen posibilidades hipotéticas, no-existenciales. En el presente no existe tensión; la tensión siempre se halla dirigida hacia el futuro. Surge de la imaginación. Puedes imaginarte a ti mismo como alguien diferente del que eres. Esta posibilidad imaginaria creará tensión. Por lo tanto, cuanto más imaginativa sea una persona, mayores serán las posibilidades de que experimente tensión. De este modo, la imaginación se ha vuelto destructiva.

La imaginación también puede ser constructiva, creativa. Si tu capacidad total de imaginar se centra en el momento presente y no en el futuro, podrás comenzar a visualizar tu existencia en forma poética. Tu imaginación no está creando un anhelo; la estás utilizando para vivir. Esta vida en el presente se encuentra más allá de la tensión. Los animales no experimentan tensión, ni los árboles tampoco, pues no poseen la capacidad imaginativa. Se hallan por debajo de la tensión, no más allá de ella. Su tensión es sólo una potencialidad, no se ha actualizado. Están evolucionando. Llegará el momento en que la tensión se declarará en sus seres, y comenzarán a anhelar el futuro. Ocurrirá así necesariamente. La imaginación se activará.

Lo primero que le interesa a la imaginación es el futuro. Produces imágenes; dado que no existen realidades que concuerden con ellas, seguirás creando más y más imágenes. Sin embargo, en lo que al presente respecta, generalmente la imaginación no cumple función alguna. ¿En qué forma podrías ser imaginativo en el presente? No parece ser necesario. Este aspecto debe ser comprendido.

Si puedes estar conscientemente presente en el ahora, no estarás viviendo en tu imaginación. Entonces, la imaginación se encontrará libre para crear dentro del propio presente. Sólo es necesario determinar la correcta focalización de esta función. Si la imaginación se centra en el presente, comenzará a crear. La creación puede asumir cualquier forma. Si eres poeta, se transformará en una explosión de poesía. La poesía no será una búsqueda del futuro, sino una expresión del presente. Si eres pintor, la expresión será la pintura. La pintura no corresponderá a algo que has imaginado, sino a algo que has conocido y vivido.

El momento presente te es brindado cuando no estás viviendo en tu imaginación. Puedes expresarlo o permanecer en silencio.

Sin embargo, este silencio no es un silencio muerto; será también una expresión del momento presente. Este presente es tan profundo que sólo puede ser expresado por medio del silencio. Ni siquiera la poesía resultaría apropiada; tampoco la pintura. Ninguna expresión resulta posible, salvo el silencio. Este silencio no es algo negativo sino, más bien, un florecimiento positivo. Algo ha florecido en tu interior, la flor del silencio, y a través de este silencio expresas todo aquello que estás viviendo.

También es necesario comprender un segundo aspecto. Esta expresión del presente por medio de la imaginación no es ni una imaginación del futuro, ni una reacción contra el pasado. No es la expresión de ninguna experiencia conocida previamente. Es la vivencia de la experiencia; tal como la estás viviendo, tal como está ocurriendo en ti. No una experiencia vivida, sino un proceso vivo de vivenciar.

En ese momento, tu experiencia y tu vivencia dejan de ser dos cosas. Son una misma cosa. Entonces desaparece el pintor. La vivencia misma se ha transformado en el pintar; la vivencia se ha expresado a sí misma. No eres un creador. Eres la creatividad, una energía viva. No eres un poeta; eres poesía. La experiencia no es ni para el futuro ni para el pasado; no proviene ni del futuro ni del pasado. El momento mismo se ha transformado en la eternidad, y todo surge de allí. Es un florecimiento.

Este florecimiento tiene siete niveles, tal como la tensión tiene siete niveles. Existirán en todos los cuerpos. Por ejemplo, si esto ocurre en el cuerpo fisiológico, te volverás hermoso, en un sentido totalmente nuevo. Esta belleza no proviene de la forma, sino de lo informe; no de lo visible, sino de lo invisible. Y si puedes sentir este momento de distensión en tu cuerpo, conocerás un bienestar que no has conocido antes: un bienestar positivo.

Hemos conocido estados de bienestar que son negativos: negativos en el sentido de que cuando no estamos enfermos decimos que estamos sanos. Esta salud es sólo una negación de la enfermedad. No hay nada positivo en ello; es sólo que la enfermedad está ausente. La definición médica de salud es esta: estás saludable cuando no estás enfermo. Sin embargo, la salud también tiene una dimensión positiva. No es sólo la ausencia de enfermedad, es la presencia de la salud.

Tu cuerpo sólo podrá relajarse si llevas una existencia de *momento-a-momento*. Si estás comiendo y el momento se convierte en la eternidad, no habrá pasado ni futuro. El proceso mismo de comer es todo lo que hay. No estás haciendo algo; te has transformado en el hacer. No habrá tensión; tu cuerpo se sentirá pleno. O bien, si te encuentras en una comunión sexual que no es sólo un alivio de tensión sino, más bien, una expresión positiva de amor —si el momento es completo, total, y estás involucrado en él totalmente—, conocerás un bienestar positivo en tu cuerpo.

Si estás corriendo, y el correr se ha transformado en la totalidad de tu existencia; si eres las sensaciones que vienen a ti, no algo separado de ellas sino uno con ellas; si no hay futuro, si este correr no tiene un objetivo, si el correr mismo es el objetivo: entonces conocerás un bienestar positivo. Entonces tu cuerpo estará relajado. A un nivel fisiológico, has conocido un momento de vida relajada.

Y lo mismo se aplica a cada uno de los siete cuerpos. Comprender un momento de distensión en el primer cuerpo es fácil, pues ya conocemos dos posibilidades del cuerpo: la enfermedad (una dolencia positiva) y un bienestar definido negativamente (la ausencia de enfermedad). Esto es lo que ya conocemos, de modo que podemos concebir una tercera posibilidad: la del bienestar positivo (salud). Sin embargo, comprender lo que es la distensión en el segundo cuerpo, el etérico, es un poco más difícil, porque no has conocido nada acerca de él. A pesar de eso, hay ciertas cosas que se pueden comprender.

Los sueños guardan relación fundamentalmente con el segundo cuerpo, el etérico. Así que, en general, cuando hablamos de sueños, nos referimos a los sueños del cuerpo etérico. Sin embargo, si tu cuerpo físico ha vivido tenso, creará muchos sueños. Por ejemplo, si has tenido hambre o si has ayunado, crearás un tipo de sueño determinado. Éstos son sueños fisiológicos. No guardan relación con el cuerpo etérico.

El cuerpo etérico tiene su propia tensión. Conocemos al cuerpo etérico solamente a través de sueños; así, si el cuerpo etérico se encuentra tenso, el sueño se transforma en pesadilla. Aun en sueños estarás tenso ahora: la tensión te seguirá.

La primera tensión en el cuerpo etérico guarda relación con la satisfacción de tus deseos. Todos soñamos con el amor. El sexo es fisiológico; el amor no lo es. El amor no guarda ninguna relación con el cuerpo físico, pero sí la guarda con el cuerpo etérico; sin embargo, si el amor no es satisfecho, aun el cuerpo físico puede sufrir por esta causa. No sólo tu cuerpo físico tiene necesidades que deben ser satisfechas; también tu cuerpo etérico las tiene. Tiene sus propios apetitos; también necesita alimento. El amor es ese alimento.

Todos soñamos con el amor, pero nunca estamos enamorados. Todos sueñan con el amor —cómo debiera ser, con quién debiera ser—, y todos están frustrados a su respecto. O bien nos encontramos soñando con el futuro o, frustrados, acerca del pasado; pero nunca amamos.

También existen otras tensiones en el cuerpo etérico, pero el amor es la que más fácilmente podemos comprender. Si puedes amar en el momento, se producirá una situación distendida en el cuerpo etérico.

Sin embargo, no puedes amar en el momento si tienes exigencias, expectativas y condiciones a cambio de tu amor, pues las exigencias, expectativas y condiciones guardan relación con el futuro.

El presente se halla más allá de nuestros deseos. Es como es. Sin embargo, puedes tener expectativas respecto al futuro: cómo debiera ser. El amor también se ha transformado en un «debiera»; siempre se refiere a cómo «debiera ser». Puedes amar en el presente sólo si tu amor no es una expectativa, una exigencia; sólo si es incondicional.

También ocurre que si amas sólo a una persona y no a otras, nunca amarás en el presente. Si tu amor es una relación y no un estado mental, no podrás amar en el presente, pues, muy sutilmente, eso también representa una condición. Si digo que sólo puedo amarte a ti, no podré amar cuando estés ausente. Durante veintitrés horas estaré en un estado de desamor; sólo durante una hora, cuando esté contigo, viviré amor. ¡Esto es imposible! No puedes estar en amor en un momento y no estarlo en otro momento. Si estoy sano, estoy sano durante veinticuatro horas. Es imposible estar sano durante una hora y enfermo las veintitrés restantes. La salud no es una relación; es un estado.

El amor no es una relación entre dos personas. Es un estado mental en tu interior. Si estás en amor, eres amoroso con todo el mundo. Y no sólo con las personas; con las cosas también. El amor que experimentes también se dirigirá a las cosas. Aun cuando te encuentres sólo, aunque nadie esté contigo, estarás en amor. Es igual que respirar. Si juro que respiraré sólo cuando esté contigo, la única consecuencia posible será la muerte. El respirar no es una relación; no se halla ligado a ninguna relación. Y para el cuerpo etérico, el amor es como respirar. Es su respiración.

Así es que o amas o no amas. El tipo de amor que la humanidad ha creado es muy peligroso. Ni siquiera la enfermedad ha creado tantos absurdos como este pseudoamor ha creado. La humanidad entera se halla enferma debido a este concepto equivocado de amor.

Si puedes amar y ser amoroso, sin distinción de personas, tu segundo cuerpo experimentará una sensación de bienestar, un bienestar positivo. Entonces no habrá pesadillas. Los sueños se transforman en poesías. Algo le ocurrirá entonces a tu segundo cuerpo, y su perfume no sólo te impregnará a ti sino también a los demás. Dondequiera que te encuentres, el perfume de tu amor se difundirá. Y, por supuesto, tendrá su propia respuesta, su propia repercusión.

El verdadero amor no es una función del ego. El ego siempre anhela poder, así que incluso cuando ames —puesto que tu amor no es real, puesto que es sólo parte de tu ego— será, necesariamente, violento. Cuandoquiera que amemos, habrá violencia, alguna forma de guerra. Padre e hijo, madre e hija, marido y esposa; no son amantes, los hemos convertido en enemigos. Están en constante lucha, y sólo cuando no hay pelea hablamos de amor. La definición es negativa. Entre dos batallas hay una pausa, un momento de paz.

Sin embargo, la realidad es que entre dos batallas no existe posibilidad de paz. Esta pseudopaz es sólo la preparación de la próxima batalla. No hay paz entre marido y mujer, no hay amor. La pausa que denominamos amor es sólo la preparación de la próxima pelea. Creemos que hay salud cuando nos encontramos entre dos enfermedades, y creemos que hay amor cuando estamos entre dos peleas. Esto no es amor. Es sólo una pausa entre una pelea y la siguiente. No puedes pelear durante veinticuatro horas, de modo que en algún momento comienzas a amar a tu enemigo.

El amor nunca es posible como relación, sino como un estado mental. Si el amor viene a ti como estado mental, tu segundo cuerpo (el cuerpo etérico) se tranquiliza, está a gusto. Se relaja. Existen otros motivos de tensión en el segundo cuerpo, pero estoy hablando de aquel que puede ser comprendido con mayor facilidad. Puesto que creemos conocer el amor, podemos hablar acerca de él.

El tercer cuerpo es el cuerpo astral. Tiene sus propias tensiones. Guardan relación no sólo con esta vida, sino también con vidas anteriores. La tensión en el tercer cuerpo se debe a la acumulación de todo lo que has sido y de todo aquello que has anhelado. Todos tus anhelos, miles y miles de vidas y sus anhelos repetitivos: todo eso se encuentra en el cuerpo astral. ¡Y siempre has tenido anhelos! No importa qué es lo que has deseado. El anhelo está allí.

El cuerpo astral es el depósito de la totalidad de tus anhelos, de la totalidad de tus deseos. Por esto es la parte más tensa de tu ser. Cuando meditas, tomas conciencia de tensiones astrales, pues la meditación se inicia a partir del tercer cuerpo. Personas que han comenzado a tomar conciencia de estas tensiones a través de la meditación vienen a mí y me dicen: «Desde que comencé a meditar, mis tensiones han aumentado». No han aumentado, pero ahora has tomado conciencia de ellas. Ahora conoces algo de lo que antes no te dabas cuenta.

Éstas son tensiones astrales. Dado que son la esencia de tantas vidas, no se las puede describir con ninguna palabra específica. Nada puede decirse acerca de ellas que pueda ser comprendido. Sólo pueden ser vividas y conocidas.

El deseo mismo es la tensión. Nunca dejamos de desear una cosa u otra. Incluso existen personas que desean no desear. Esto se transforma en un completo absurdo. En el tercer cuerpo, el cuerpo astral, puedes desear no tener deseos. En realidad, el deseo de no tener deseos es uno de los deseos más poderosos. Puede crear una de las mayores brechas entre lo que es y lo que deseas ser.

De manera que acepta tus deseos como son y date cuenta de que has tenido tantos deseos a través de tantas vidas. Tus deseos han sido tantos, y todos ellos se han acumulado. Con lo que, para el tercer cuerpo (el cuerpo astral), acepta tus deseos tal como son. No luches en su contra; no tengas un deseo en contra de los deseos. Tan sólo acéptalos. Date cuenta de que estás lleno de deseos y acepta eso. Así llegarás a relajar el cuerpo astral.

Si puedes aceptar la infinidad de deseos que existen en tu interior sin crear un deseo en contra de estos deseos; si puedes estar con la infinidad de deseos (son toda la acumulación de tu pasado) y aceptarlos tal como son; si esta aceptación puede ser total, entonces todo el enjambre de deseos desaparecerá en un santiamén. Ya no estarán allí, pues sólo pueden existir contra un fondo de deseo, un deseo constante por aquello que no es.

El objeto del deseo no importa, es irrelevante. Puedes desear incluso no tener deseos y todo el panorama estará allí; todo el enjambre aparecerá. Si aceptas tu deseo, se producirá un momento de no-deseo. Aceptas tu deseo tal como es. Ahora no hay nada que desear; el deseo no está. Aceptas todo tal como está, incluso tus deseos. En ese momento, los deseos desaparecerán; pierden su razón de ser. El cuerpo astral se relaja; alcanza un estado de bienestar positivo. Sólo entonces podrás avanzar hacia el cuarto cuerpo.

El cuarto cuerpo es el cuerpo mental. Del mismo modo que en el cuerpo astral existen deseos, en el cuerpo mental existen pensamientos: pensamientos contradictorios, todo un conglomerado de ellos... y cada pensamiento desea asumir la totalidad, cada pensamiento te posee como si fuese el todo. Así, la tensión en el cuarto cuerpo es producida por los pensamientos. Permanecer sin pensamientos —no dormido, no inconsciente, sino en una conciencia sin pensamiento— es la salud, el bienestar del cuarto cuerpo. Pero ¿cómo podemos estar conscientes sin estar pensando?

A cada instante surgen nuevos pensamientos. En cada momento algún aspecto de tu pasado entra en conflicto con algún aspecto de tu presente. Eras comunista; ahora eres católico y crees en otra cosa, pero el pasado está aún allí. Puedes transformarte en un católico, pero no puedes destruir tu comunismo. Éste permanece en ti. Puedes modificar tus pensamientos, pero los pensamientos que has dejado de lado estarán siempre allí, esperando. No puedes desaprenderlos. Llegan a tus profundidades, entran en el inconsciente. No aparecerán, puesto que los has apartado; sin embargo, permanecerán allí, esperando su oportunidad. Y la oportunidad vendrá. Incluso en un periodo de veinticuatro horas, habrá un momento en que volverás a ser comunista, y luego serás católico nuevamente. Esto seguirá incesantemente, y, como resultado, sufrirás confusión. Así, para el cuerpo mental, tensión es confusión —pensamientos contradictorios, experiencias contradictorias, expectativas contradictorias— y, en último término, la consecuencia es una mente confusa. Y una mente confundida sólo logrará confundirse más si intenta trascender la confusión, pues la no-confusión no puede ser alcanzada partiendo de un estado de confusión.

Estás confundido. La búsqueda espiritual agregará una nueva dimensión a tu confusión. Toda tu otra confusión aún está presente, y ahora se le agrega una nueva. Conoces a este gurú, luego a ése, luego al siguiente, y cada gurú te trae nueva confusión. La confusión anterior aún permanece, y se le agrega una nueva. Serás un manicomio. Y esto es lo que ocurre en el cuarto cuerpo, el cuerpo mental. Ahí, la tensión se manifiesta como confusión.

¿Cómo podemos dejar de estar confundidos? Sólo podrás lograrlo si no niegas un pensamiento determinado en favor de otro, sólo si no niegas nada: si no niegas al comunismo para apoyar la religiosidad, si no niegas a Dios para apoyar una filosofía de ateísmo. Si aceptas todo lo que piensas, no habrá elección que hacer y las tensiones se irán. Si sigues eligiendo, tus tensiones seguirán aumentando.

La consciencia debe excluir la elección. Debes estar consciente de todo el proceso de tus pensamientos, de toda la confusión. Apenas lo hagas, sabrás que todo es confusión. No hay que elegir algo; debe eliminarse todo. Cuando te das cuenta de que es sólo confusión, podrás echar todo por la ventana en cualquier momento; no habrá dificultad en hacerlo.

Comienza, entonces, a tomar conciencia de la totalidad de tu mente. No elijas. No digas: «Soy ateo», o «Soy deísta». No digas: «Soy cristiano» o «Soy hindú». No elijas. Sólo toma conciencia de que a veces eres ateo y otras, deísta; y que a veces eres cristiano y a veces comunista; a veces un santo y otras un pecador. Algunas veces te atrae una ideología y otras veces otra, pero estos sólo son caprichos.

Toma conciencia total de ello. El momento en que tomes conciencia de la totalidad de tu proceso mental será un momento de no-identificación. No estarás identificado con tu mente. Por primera vez te conocerás a ti mismo como conciencia y no como mente. La mente misma se transforma en un objeto para ti. Tal como tomas conciencia de otras personas, tal como tomas conciencia de los muebles de tu casa, tomarás conciencia de tu mente, del proceso mental. Ahora eres esta conciencia: no te hayas identificado con tu mente.

La dificultad que existe con el cuarto cuerpo, el cuerpo mental, es que estamos identificados con nuestras mentes. Si tu cuerpo enferma y alguien comenta que estás enfermo, no te ofendes; sin embargo, si tu mente enferma y alguien te dice: «Tu mente está enferma; parece que te estás volviendo loco», te ofendes. ¿Por qué?

Cuando alguien te dice: «Tu cuerpo parece estar enfermo», sientes que ha simpatizado contigo. Pero si alguien menciona algo acerca de una enfermedad mental —que a nivel mental, pareces estar patinando; que estás neurótico—, te ofenderás, pues existe una identificación más profunda con la mente que con el cuerpo.

Puedes sentirte separado de tu cuerpo. Puedes decir: «Ésta es mi mano». Pero no puedes decir: «Ésta es mi mente», porque piensas: «Mi mente soy yo». Si deseo manejar tu cuerpo, me lo permitirás; pero no me dejarás manejar tu mente. Dirás: «¡No, eso es demasiado! ¡Perderé mi libertad!». Te has identificado con tu mente a un nivel mucho más profundo. La mente soy yo. No conocemos nada que esté más allá de ella; así pues, nos identificamos con ella.

Conocemos algo que trasciende al cuerpo: la mente. Por eso existe la posibilidad de no identificarse con el cuerpo. Pero no conocemos nada que trascienda a la mente. Sólo si tomas conciencia de los pensamientos podrás llegar a darte cuenta de que la mente es sólo un proceso, una acumulación: un mecanismo, un depósito, un computador de tu experiencia pasada, de tu aprendizaje anterior, del conocimiento que has adquirido en el pasado. La mente no eres tú; puedes existir sin ella. La mente puede ser manejada. Puedes modificarla, puedes expulsarla de ti.

Y ahora existen nuevas posibilidades. Llegará el día en que tu mente pueda serle trasplantada a otra persona. Tal como el corazón puede ser trasplantado, tarde o temprano podrá hacerse lo mismo con la memoria. Entonces, una persona moribunda no morirá totalmente. Al menos su memoria podrá ser salvada y trasplantada en un niño. El niño adquirirá todos los recuerdos de la persona. Hablará de experiencias que no ha vivido, pero dirá: «He conocido». Lo que sea que el muerto supiese, el niño lo sabrá, porque le han entregado la totalidad de su mente.

Esto parece peligroso, y es posible que no permitamos que suceda porque nuestra propia identidad se perderá. ¡Somos nuestras mentes! Sin embargo, para mí, esta posibilidad guarda mucho potencial. Con ello puede nacer una nueva humanidad. Podemos tomar conciencia de la mente, pues la mente no somos nosotros; no es «yo». Mi mente es tan parte de mi cuerpo como mi riñón lo es. Del mismo modo como se me puede dar un nuevo riñón sin que yo deje de ser la misma persona, sin modificaciones, también puedo vivir con una mente trasplantada sin modificaciones, sin que deje de ser el mismo viejo «yo» que era anteriormente, pero con una nueva mente que me ha sido agregada. La mente es también un mecanismo. Sin embargo, la identificación con ella produce tensión.

Así, con el cuarto cuerpo, la consciencia es salud y la inconciencia es enfermedad; la consciencia es relajación y la inconsciencia es tensión. Debido a los pensamientos, y a tu identificación con ellos, vives en tu mente y se forma una barrera entre ti y tu ser existencial.

Tienes una flor a tu alcance, pero nunca llegarás a conocerla porque piensas acerca de ella. La flor morirá y seguirás pensando en ella. El pensamiento ha creado una película que te separa de la experiencia; transparente, pero no en verdad transparente: sólo la ilusión de la transparencia.

Por ejemplo, me estás escuchando. Pero puede ser que no me estés escuchando en realidad. Si estás pensando acerca de lo que digo, ya no me estás escuchando. Te has ido hacia delante o hacia atrás; ya no estás conmigo. Repetirás el pasado en tu mente o proyectarás el futuro a través del pasado, pero eso no será lo que yo esté diciendo.

Es incluso posible que puedas repetir palabra por palabra lo que he dicho. Tu mecanismo lo está registrando. Éste puede repetir lo que he dicho, reproducirlo. Entonces alegarás: «Si no te he escuchado, ¿cómo es posible entonces que pueda repetir lo que has dicho?». Sin embargo, una grabadora no me escucha. Tu mente puede trabajar como una máquina. Puedes estar presente o no estarlo. No es necesaria tu presencia: puedes estar pensando y seguir escuchando. La mente —el cuarto cuerpo, el cuerpo mental— se ha transformado en una barrera.

Una barrera te separa de aquello-que-es. Cuando tocas, te alejas de la experiencia. Cuando miras, también te alejas. Tomo tu mano en la mía. Esto es algo existencial. Pero puede ser que tú no estés allí. Entonces te lo habrás perdido. Has conocido —has tocado y has experimentado—, pero estabas sumergido en tus pensamientos.

Así, en el cuarto cuerpo, debemos estar conscientes de nuestro proceso de pensamientos, tomado como un todo. Sin elegir, sin decidir, sin juzgar: sólo tomando conciencia. Si tomas conciencia, no te identificarás. Y el no identificarse con el mecanismo de la mente equivale a que la tensión desaparezca.

El quinto cuerpo es el cuerpo espiritual. En lo que respecta al cuerpo espiritual, el desconocimiento de sí mismo es la única tensión. Sabes perfectamente bien que no te conoces a ti mismo. Pasarás por la vida, harás esto y lo otro, lograrás esto y lo otro, pero la sensación de desconocimiento de ti mismo te acompañará continuamente. Te acechará por detrás: será un compañero constante, sin importar tus esfuerzos por olvidarlo, por escapar de él. No puedes huir de tu ignorancia. Sabes que no sabes. Ésta es la enfermedad del quinto nivel.

Aquellos que en Delfos escribieron en el templo: «Conócete a ti mismo», estaban interesados en el quinto cuerpo. Trabajaban en él. Sócrates repetía continuamente: «Conócete a ti mismo». Le interesaba el quinto cuerpo. Para el quinto cuerpo, *atmagyana* (el conocimiento de sí mismo), es el único conocimiento.

Mahavira dijo: «Al conocernos a nosotros mismos, lo conocemos todo». Esto no es así. No podemos conocerlo todo conociéndonos a nosotros mismos. Sin embargo, la antítesis es correcta. Si no nos conocemos a nosotros mismos, no podemos conocer nada. Así, para compensar esto, Mahavira dijo: «Conociéndote a ti mismo, lo conocerás todo». Aun en el caso en que conozca todo, ¿de qué me sirve si no me conozco a mí mismo? ¿Cómo puedo conocer lo básico, lo fundamental, lo esencial, si ni siquiera me he conocido a mí mismo? Es imposible.

Así, con el quinto cuerpo, la tensión se produce entre el saber y la ignorancia. Pero recuerden, estoy diciendo «saber e ignorancia»; no estoy diciendo «conocimiento e ignorancia». El conocimiento puede obtenerse de las escrituras; el saber no puede obtenerse en ninguna parte. Existen tantas personas que se basan en esta falacia, la confusión entre conocimiento y saber. El saber es siempre tuyo. No puedo transferirte mi saber; sólo puedo transferir mi conocimiento. Las escrituras comunican conocimiento, no el saber. Pueden decirles que ustedes son divinos, que son *atman*, que son el «yo», pero esto no es saber.

Si se aferran a este conocimiento, experimentarán una gran tensión. Padecerás ignorancia y conocimiento e información falsos, adquiridos: conocimiento prestado. Serás un ignorante, pero creerás que sabes. Se producirá entonces mucha tensión. Es mejor ser ignorante y saber perfectamente bien que «soy un ignorante». Entonces habrá tensión; pero no será tan intensa. Si no te engañas a ti mismo mediante conocimiento adquirido a través de otros, podrás buscar en tu interior, y entonces sí será posible que conozcas.

Dado que eres, esto es seguro: que lo que sea que seas, lo eres. Esto no puede negarse. Otra cosa: eres alguien que conoce. Puede ser que conozcas a otros, puede que sólo conozcas ilusiones, puede que lo que conozcas no sea correcto, pero conoces. Así es que hay dos cosas seguras: tu existencia y tu conciencia.

Pero falta un tercer aspecto. La personalidad esencial del ser humano puede concebirse a través de tres dimensiones: existencia, conciencia y éxtasis: *sat/chit/anand*. Sabemos que somos la existencia misma; sabemos que somos alguien que conoce: la conciencia misma. Sólo falta el éxtasis.

Sin embargo, si buscas en tu interior, también conocerás al tercer aspecto. Ahí está. El éxtasis de la propia existencia está ahí. Y, cuando lo conoces, te conocerás enteramente: tu existencia, tu conciencia, tu éxtasis.

No puedes conocerte totalmente a menos que conozcas el éxtasis, pues una persona que no se halla en ese estado de éxtasis seguirá huyendo de sí misma. Nuestra vida entera es un huir de nosotros mismos. Las demás personas son importantes para nosotros porque nos ayudan a escapar. Por eso estamos todos centrados en los demás. Incluso si uno llega a ser religioso, crea un Dios que es «el otro». Una vez más, te centras en el otro; repites la misma falacia.

En el quinto nivel, entonces, debemos buscamos a nosotros mismos desde dentro. En esta búsqueda te implicas por entero.

Sólo eres necesario hasta el quinto cuerpo. Más allá del quinto, todo se vuelve fácil y espontáneo.

El sexto cuerpo es cósmico. La tensión existe entre tu «yo» —tus sentimientos de individualidad, de limitación— y el cosmos ilimitado. Aun en el quinto estadio te encontrarás encarnado en tu cuerpo espiritual. Serás una persona. Esa «persona» será la tensión del sexto. Así, para alcanzar una existencia relajada con el cosmos, para estar en sintonía con él, deberás dejar de ser un individuo.

Jesús dice: «El que se pierda a sí mismo se encontrará a sí mismo». Esta frase guarda relación con el sexto cuerpo. Hasta el quinto no podremos comprenderla, pues es totalmente antimatemática. Pero a partir del sexto, esta será la única matemática, la única posibilidad racional: perderse a sí mismo.

Hemos estado realzándonos a nosotros mismos, cristalizándonos. Podemos llevar la cristalización, el cultivo del *yo*, la individualidad, hasta el quinto cuerpo; sin embargo, si a partir de ese momento alguien insiste en ser un individuo, se quedará en el quinto. Son muchos los sistemas espirituales que se detienen en el quinto. Todos aquellos que afirman que el alma tiene su propia individualidad, y que esta individualidad permanecerá, aun en el estado de liberación —que serás un individuo, encarnado en tu existencia independiente—; todo sistema que afirma esto, se detiene en el quinto. En un sistema tal, no habrá concepto de Dios. No será necesario.

El concepto de Dios llega sólo con el sexto cuerpo. «Dios» significa la individualidad cósmica; o, sería mejor decir, la no-individualidad cósmica. No es que «yo» exista; es la totalidad en mi interior que ha hecho posible que yo exista. Yo soy sólo un punto, un eslabón entre infinita cantidad de eslabones de existencia. Si el sol no se levanta mañana, dejaré de ser. Saldré de la existencia; la llama se irá. Estoy aquí porque el sol existe. Se halla tan lejos, pero aun así se halla conectado conmigo. Si la Tierra muere, como tantos otros planetas han muerto, no podré vivir, pues mi vida se halla unida con la vida de la Tierra. Todo existe en una cadena de existencia. No es que seamos islas. Somos el océano.

En el sexto, el sentimiento de individualidad es la única tensión que se opone a un sentimiento oceánico: un sentimiento sin límites, un sentimiento que no tiene principio ni fin, un sentimiento no de yo, sino de nosotros. Y el «nosotros» lo incluye todo. No sólo a las personas, no sólo a los seres orgánicos, sino que a todo lo que existe. «Nosotros» significa la existencia misma.

Así que «yo» será la tensión en el sexto. ¿Cómo puedes perder el «yo», cómo puedes perder tu ego? No te será posible comprenderlo ahora; pero si logras llegar al quinto, te resultará fácil. Es lo mismo que un niño que se halla apegado a un juguete y que no puede imaginarse cómo podría deshacerse de él. Sin embargo, cuando la niñez finaliza, el juguete es abandonado. Nunca regresará a buscarlo. Hasta el quinto cuerpo, el ego es muy significativo; pero más allá, se transforma en un juguete con el que jugamos cuando niños. Simplemente, te deshaces de él; no hay problema.

La única dificultad se presentará si has llegado al quinto cuerpo mediante un proceso gradual y no a través de una iluminación repentina. En ese caso, te será difícil deshacerte totalmente del «yo» en el sexto. Del quinto en adelante resultan útiles todos aquellos procesos que son repentinos, súbitos. Antes del quinto, los procesos graduales parecen ser más fáciles; pero más allá de ese punto se transforman en un obstáculo.

De modo que en el sexto la tensión existe entre la individualidad y una conciencia oceánica. La gota debe perderse a sí misma para transformarse en el océano. En realidad, no está perdiéndose; sin embargo, desde el punto de vista de la gota, parece que así fuera. Al contrario: apenas la gota se pierde, se gana el océano. No es, en realidad, una pérdida de la gota. Ella se ha transformado ahora en el océano.

El séptimo cuerpo es el nirvánico. En el séptimo cuerpo, la tensión se produce entre la existencia y la no-existencia. En el sexto, el buscador se pierde a sí mismo, pero no a la existencia. Es: no como individuo, pero sí como ser cósmico. La existencia está presente. Existen filosofías y sistemas que se detienen en el sexto. Se detienen con Dios o con el *moksha* (la liberación). El séptimo requiere perder incluso la existencia en la no-existencia. No es perderse a sí mismo. Es sólo perder. Lo existencial llega a ser no-existencial. Llegas entonces a la fuente original de donde surge toda la existencia y hacia dónde va toda ella. La existencia surge de ella: la no-existencia vuelve a ella.

La existencia misma es sólo una fase. Debe regresar. Tal como aparece el día y sigue la noche, tal como se va la noche y la sigue el día; de igual modo la existencia viene y la no-existencia la sigue; la no-existencia viene y la existencia la sigue. Si queremos conocerlo todo, no debemos huir de la no-existencia. Si debemos conocer la totalidad del círculo, debemos llegar a la no-existencia.

Incluso lo cósmico no es todo, pues la no-existencia se halla más allá. Así, ni siquiera Dios lo es todo. Dios es sólo parte de Brahma; Dios no es el Brahmán mismo. Brahmán significa la combinación de toda la luz y toda la oscuridad; la unión de la vida y la muerte, la unión de la existencia y la no-existencia. Dios no es muerte; Dios es solamente vida. Dios no es no-existencia; Dios es solamente existencia. Dios no es la oscuridad; Dios es solamente luz. Es sólo parte del ser total, no la totalidad.

Conocer la totalidad es convertirse en nada. Sólo la nada puede conocer la totalidad. La totalidad es la nada, y la nada es la única totalidad para el séptimo cuerpo.

Así, estas son las tensiones de los siete cuerpos, comenzando con el fisiológico. Si comprendes tu tensión fisiológica, su alivio y el bien estar correspondiente, podrás recorrer los siete cuerpos con mucha facilidad. El obtener la tranquilidad y el bienestar en el primer cuerpo es la base para el segundo. Y si logras algo en el segundo —si experimentas un momento de distensión etérico—, habrás dado el paso hacia el tercero.

Si alcanzas el bienestar en un cuerpo, se abre automáticamente la puerta hacia el cuerpo siguiente. Sin embargo, si resultas derrotado en el primer cuerpo, te será muy difícil, e incluso imposible, abrir las puertas que siguen.

Por lo tanto, comienza desde el primer cuerpo y no pienses en absoluto en los restantes seis. Vive totalmente en el cuerpo físico, y repentinamente sabrás que se ha abierto una nueva puerta. Y luego sigue avanzando. Pero nunca pienses en los demás cuerpos o vivirás desasosiego y tensiones.

Así pues, lo que sea que yo haya dicho: ¡olvídenlo!

Capítulo 9

La falacia del conocimiento

Osho, ¿qué enseñas y cuál es tu doctrina?

No estoy enseñando una doctrina. Enseñar una doctrina es insensato. No soy un filósofo; mi mente es antifilosófica. La filosofía no ha conducido a ninguna parte ni puede hacerlo. La mente que piensa, que cuestiona, no puede saber.

Existen muchas doctrinas. Sin embargo, una doctrina es una ficción, una ficción humana. No es un descubrimiento, es una invención. La mente humana puede crear infinidad de sistemas y doctrinas; pero es imposible conocer la verdad por medio de teorías. Una mente repleta de conocimiento es una mente destinada a permanecer ignorante.

La revelación llega cuando se suspende el conocimiento. Existen dos posibilidades: o bien pensamos acerca de algo o nos acercamos a ello en forma existencial. Cuanto más piensa una persona, más se aleja de lo que está aquí y ahora. Pensar acerca de algo equivale a perder contacto con ese algo.

Así, lo que enseño es una experiencia antidoctrinaria, antifilosófica, antiespeculativa. Cómo ser, tan sólo ser. Cómo ser en este momento que es aquí y ahora. Abierto a él, vulnerable a él, uno con él. Esto es lo que llamo meditación.

El conocimiento sólo puede conducir a la ficción, a proyectar cosas. No puede ser un vehículo para alcanzar la verdad. Pero una vez que has conocido la verdad, el conocimiento puede ser un vehículo para comunicarse, para compartir con alguien que no sabe. El lenguaje, las doctrinas y las teorías pueden entonces transformarse en un medio. Sin embargo, sigue siendo inadecuado. Falsifica necesariamente.

Cualquier cosa que haya sido conocida en forma existencial no podrá ser expresada totalmente. Sólo podrás indicarla. Cuando expreso lo que he conocido, las palabras van hacia ustedes, pero el significado se queda atrás. Lo que les llega es palabra muerta. En cierta forma, no tendrá sentido, pues el significado era la experiencia misma. De forma que el conocimiento puede transformarse en un medio de expresión, pero no en un medio para lograr la realización. La mente que sabe es un obstáculo, una cortapisa, pues cuando sabes no eres humilde. Cuando te encuentras atiborrado de conocimiento, no tienes espacio en tu interior para recibir lo desconocido. La mente debe vaciarse: un útero, una receptividad total.

El conocimiento es tu pasado. Es lo que has aprendido. Son tus recuerdos, tu acumulación, lo que posees. La acumulación se transforma en una barrera. Esa barrera te separa de lo nuevo, te separa de lo desconocido.

Sólo siendo humilde puedes abrirte a lo desconocido. Debemos estar constantemente conscientes de nuestra ignorancia: aún hay algo que desconocemos. Una mente que se basa en recuerdos, información, escrituras, teorías, doctrinas, dogmas, es egocéntrica y no humilde. El conocimiento no puede otorgarte la humildad. Sólo la inmensidad de lo desconocido puede conducirnos a la humildad.

Así, debemos interrumpir los recuerdos. No es que no debamos tener recuerdos, pero cuando intentamos conocer, en el momento de la vivencia, el recuerdo debe desaparecer. En ese instante se necesita una mente abierta y vulnerable. Este momento de vacío, de vacuidad, es la meditación, *dhyana*.

¿La experiencia misma no podría acaso transformarse en una doctrina?

La experiencia sólo puede ser comunicada a los demás de forma negativa. No puedo decir lo que es, pero puedo decir lo que no es. El lenguaje puede ser un vehículo para expresar lo que no es. Cuando digo que el lenguaje no puede expresarlo, estoy, sin embargo, expresándolo. Cuando digo que toda doctrina acerca de ello es un imposible, esa es mi doctrina. Pero esto es negativo. No estoy afirmando algo; estoy negando algo. Un «no» puede decirse; el «sí» no puede ser dicho. El sí debe ser comprendido, verificado.

El apegarnos a nuestra fe en el conocimiento se transformará en un obstáculo para alcanzar el vacío, para lograr la meditación. En primer lugar, debemos comprender la futilidad del pasado, de lo que sabemos, del conocimiento de la mente. En lo que respecta a lo desconocido, en lo que respecta a la verdad, este conocimiento es una pamplina.

O te identificas con lo que has conocido o eres un testigo frente a ello. Si te identificas con ello, tú y tus recuerdos serán uno sólo. Sin embargo, si no hay identificación —si permaneces apartado de tus recuerdos, si te separas, si no te identificas con ellos—, tendrás conciencia de ti mismo como algo diferente de tus recuerdos. Esta conciencia se transforma en un camino hacia lo desconocido.

Cuanto mayor sea tu capacidad para transformarte en un testigo de tu conocimiento (cuanto menos te identifiques como el sujeto que conoce), menos posibilidades habrá de que tu ego se transforme en el poseedor de este conocimiento. Si te separas de tus recuerdos, los recuerdos se transforman en algo similar a un montón de polvo acumulado. Han llegado a través de la experiencia y han pasado a formar parte de tu mente, pero tu conciencia es otra cosa. El que recuerda es diferente de aquello que es recordado; el conocedor es diferente de lo que ha sido conocido. Si tienes clara esta distinción, te acercarás más y más al vacío. No-identificado, puedes estar abierto y libre de los recuerdos: no se te interpondrán frente a lo desconocido.

El vacío puede ser alcanzado, pero no creado. Si lo creas, será necesariamente tu antigua mente quien lo hará, será tu conocimiento. Por eso no puede haber método alguno para alcanzar esto. Un método sólo puede surgir de la información que has acumulado, de modo que si intentas utilizar algún método, este será necesariamente una prolongación de tu antigua mente. Sin embargo, lo desconocido no puede venir hacia ti como una prolongación. Sólo podrá venir como una brecha discontinua. Sólo entonces se encontrará más allá de lo conocido, más allá de tu conocimiento:

Así, no puede haber método como tal, no puede haber metodología; sólo la comprensión de que «soy distinto de lo que he acumulado». Si comprendes esto, no será necesario que cultives el vacío. ¡La cosa ha ocurrido! ¡Eres el vacío! No existe ya la necesidad de crearlo.

Uno no puede crear el vacío. Un vacío creado no sería el vacío; sólo sería tu creación. Tu creación nunca podrá ser la nada, el vacío, porque tendrá límites. Tú lo has creado, de modo que no podrá ser más que tú; no podrá ser más que la mente que lo ha creado. No puedes crear el vacío; este debe penetrarte. Sólo puedes ser su receptor. Y sólo en forma negativa podrás prepararte para recibirlo. Preparado en el sentido de que no debes identificarte con tu conocimiento; preparado en el sentido de que has comprendido la futilidad, la insignificancia de todo aquello que sabes.

Sólo esta conciencia del proceso intelectual puede lanzarte al interior de una brecha donde *aquello-que-es* te sumerge, donde *aquello-que-es* está siempre presente. Ahora no habrá barrera que te separe de ello. Has llegado a ser uno con el momento, uno con la eternidad, con el infinito.

Si uno traduce este momento a conocimiento, nuevamente se transformará en parte de tu memoria. Entonces se perderá. Así, uno nunca puede decir «he conocido». Lo desconocido permanece desconocido. Sin importar cuánto lo hayas experimentado, lo desconocido siempre queda por conocerse. Su encanto, su belleza, su atractivo, sigue siendo el mismo.

El proceso de conocer es eterno, de modo que nunca llegaremos a un punto en que podamos decir: «He llegado a la cima». Si alguien dice esto, cae nuevamente en el patrón del recuerdo, el patrón del conocimiento. Entonces muere. El momento en que se asevera poseer conocimiento es el momento de la muerte. La vida se detiene. La vida siempre va desde lo desconocido y hacia lo desconocido. Viene del más allá y va hacia el más allá. Así, pienso que una persona religiosa no asegura poseer conocimiento. El que asegura eso puede ser un teólogo, un filósofo, pero nunca una persona religiosa. Una mente religiosa acepta el misterio supremo, la suprema imposibilidad de conocer, el supremo éxtasis de la ignorancia, la suprema bendición de la ignorancia.

El momento de la meditación, el momento del vacío, no puede ser creado; no puede ser proyectado. No puedes hacer que tu mente se aquiete. Si lo haces, la habrás intoxicado o la habrás hipnotizado; pero esto no es el vacío. El vacío llega. No podrá nunca ser creado; no podrá nunca ser atraído.

Así que no enseño ningún método. En el sentido en que existen métodos, técnicas, doctrinas, no soy un profesor.

Me has convencido. ¿Cómo puedo transformar esta convicción en una experiencia?

No hay un cómo, pues el cómo implica un método. Sólo hay un despertar. Si me escuchas y algo despierta en tu interior, tendrás la experiencia, sentirás algo. No intento convencerte. Una convicción intelectual no es convicción en absoluto. Sólo estoy transmitiéndote un hecho.

¿Por qué estás convencido por lo que yo he dicho? Existen dos posibilidades: o bien son mis argumentos los que te han convencido, o bien ves la verdad de lo que he dicho como una realidad en ti mismo. Si mi argumento te convence, preguntarás cómo; pero si lo que digo lo estás vivenciando, si te das cuenta de que es una realidad en tu interior, ese conocimiento no guarda relación conmigo. No te estoy entregando ningún conocimiento. Más bien, la experiencia misma está ocurriendo mientras hablo.

Cuando el intelecto se convence, pregunta: ¿Cómo? ¿Cuál es la forma? Desea saber. Pero no les estoy entregando ninguna doctrina. Sólo les estoy contando mi experiencia. Cuando digo que la memoria es una acumulación —que está muerta, que es sólo un resto del pasado—, lo que quiero decir es que es un fragmento del pasado que cuelga de ti, pero del cual estás separado. Si les llega la sensación de lo que quiero decir, y tienen un vislumbre de la separación que existe entre ustedes y su memoria (su conciencia y su memoria), no habrá un cómo. Algo ha ocurrido, y este algo puede seguir penetrándote, cada vez más, no a través de ningún método, sino a través de tu conciencia, tu constante rememoración.

Ahora sabes que la conciencia es diferente de sus contenidos. Si estás consciente de este hecho en forma constante —mientras caminas, hablas, comes, duermes—, algo ocurrirá. Si estás constantemente consciente de que la mente es sólo un proceso incorporado y computarizado que tiene la finalidad de acumular recuerdos y que no es parte de tu ser, esta consciencia, por sí sola, este no-método por sí sólo, ayudará a que este algo ocurra en tu interior.

Nadie puede decir cuándo ocurrirá, cómo ocurrirá, dónde ocurrirá, pero si la consciencia permanece, por sí sola se profundizará más y más. Es un proceso automático. Del intelecto se dirige al corazón; de la inteligencia se dirige a tu mente intuitiva; de lo consciente se moviliza lentamente hacia lo inconsciente. Y un día estarás totalmente despierto. Algo ha ocurrido. No ha sido cultivado, es un producto lateral del recordar. No has llegado allí por medio del cultivo de ninguna doctrina, has despertado a una realidad interna, a una visión interna. Algo ha entrado profundamente en ti.

Cuando el momento llega es en forma totalmente inaudita, sin aviso, como una explosión. En ese momento de explosión, te encuentras totalmente vacío. No eres, dejas de ser. No hay intelecto, no hay razón, no hay memoria. Hay sólo consciencia: consciencia de la nada, del vacío. En ese vacío se halla el conocimiento. Sin embargo, ese conocimiento tiene un sentido muy diferente. Ahora no hay ni conocedor ni algo que es conocido. Hay sólo conocer. Es existencial.

Lo que existe en el vacío, lo que el vacío es, no puede ser comunicado. Sólo el tránsito, el proceso, pueden ser comunicados. Sin embargo, el proceso no puede ser concebido como un método; no es algo que deba practicarse. No hay nada que practicar. O recuerdas o no lo haces.

¿Recomiendas llevar algún tipo especial de vida como preparación?

Cuando tomes conciencia, toda tu vida, toda tu forma de vida, cambiará. Sin embargo, estos cambios vendrán a ti: no se los debiera practicar. Apenas practicas algo, ese algo pierde lo que sea que es significativo en él. Así que todos los cambios que ocurran debieran ocurrir en forma espontánea.

No se trata de practicar algo. Simplemente, se trata de comprender que no puedes desear el vacío. No es sólo una contradicción de vocablos: es una contradicción existencial. No puedes desearlo, pues este deseo viene de tu antigua mente, de tu conocimiento. Todo lo que puedes hacer es estar consciente de lo que eres. En el momento en que tomas conciencia de ti mismo tal como eres, ocurre una separación, una división, una partición. Una parte de ti llega a desidentificarse del resto de ti.

Entonces habrá dos: yo y mí. El «mí» es la memoria, la mente; el «yo» es la consciencia, el *atman*.

Deben escucharme y escuchar simultáneamente su mente interna. Este proceso debiera funcionar todo el tiempo. Lo que estoy diciendo se está transformando en parte de su «mí», en parte de su acumulación, en parte de su conocimiento. Este conocimiento requerirá más conocimiento: el cómo, el método. Y si muestro algún método, también eso pasará a formar parte de su conocimiento. Su «mí» se fortalecerá, llegará a ser más sabihondo.

A mí no me interesa su «mí»; no le hablo a su «mí». Si su «mí» interviene, la comunicación no se transforma en comunión. Es sólo una discusión, no un diálogo. Solamente se convertirá en un diálogo si no hay «mí». Si estás aquí pero tu «mí» no está, no habrá interrogantes respecto al cómo. Lo que estoy diciendo se verá como una verdad o como una falsedad, como una realidad o como una doctrina llena de tretas.

Sólo me interesa producir una situación: ya sea hablando, permaneciendo en silencio o confundiéndolos. Mi intención es producir una situación en la cual su «yo» surja de ustedes, en que su «yo» aparezca más allá de su «mí». Trato de crear tantas situaciones.

Esto también es un tipo de situación. Les estoy diciendo cosas absurdas. Hablo de alcanzar algo y al mismo tiempo niego la validez de todos los métodos. ¡Esto es absurdo!

¿Cómo puedo decir algo y al mismo tiempo afirmar que eso no puede ser dicho? Sin embargo, es el absurdo mismo el que puede crear la situación. La situación no se produce si los convenzo. Lo dicho se transformará en parte de su «mí», de su conocimiento. Su «mí» sigue preguntando: ¿Cómo? ¿Cuál es la forma? Negaré que exista un camino, pero aun así seguiré hablando de transformación. La situación llega entonces a ser tan irracional que tu mente queda insatisfecha. Sólo entonces puede tomar las riendas algo ulterior.

Estoy creando situaciones todo el tiempo. El absurdo es la situación apropiada para las personas intelectuales. La consciencia viene sólo cuando aparece una situación en que la continuidad se interrumpe. El mismo absurdo e irracionalidad de la situación debe crear una brecha que trastorne y perturbe al individuo, al punto que aparezca la consciencia.

Recuerdo un incidente en la vida de Buda...

Una mañana llegó a un pueblo. Al entrar en él, alguien le dijo: «Creo en el Supremo. Por favor dime si Dios existe». Buda lo negó totalmente. Respondió: «No hay Dios alguno. Nunca ha habido ni nunca lo habrá. ¡Qué disparate estás diciendo!». El hombre quedó aturdido, pero la situación se produjo.

Por la tarde, otro hombre se acercó a Buda y le dijo: «Soy ateo. No creo en Dios. ¿Existe acaso un Dios? ¿Qué me puedes decir de eso?».

Buda respondió: «Sólo Dios es. Nada existe fuera de Él». El hombre quedó atónito.

Al atardecer, un tercer hombre se acercó a Buda y le dijo: «Soy agnóstico. No creo ni que sí ni que no. ¿Qué me dices? ¿Existe o no existe un Dios?».

Buda permaneció en silencio. El hombre quedó aturdido. Sin embargo, un monje llamado Anand, que siempre acompañaba al Buda, quedó aún más confundido. En la mañana Buda había dicho: «No existe Dios alguno»; en la tarde dijo: «Sólo Dios existe», y al atardecer había permanecido en silencio. Esa noche Anand le dijo a Buda: «Antes de irte a dormir, te ruego que me respondas una pregunta. ¡Has alterado mi tranquilidad! ¡Me encuentro perplejo! ¿Qué quieres decir con esas preguntas absurdas y contradictorias?».

Buda le contestó: «Ninguna de esas respuestas era para ti. ¿Por qué las escuchaste? Cada una de esas respuestas le correspondía a la persona que preguntó. Si te han alterado, bien está. Ésa es la respuesta para ti».

De modo que se pueden crear situaciones. Un monje zen produce situaciones a su manera. Puede empujarte fuera de su cuarto o abofetearte. Parecerá absurdo. Preguntas una cosa y él responde acerca de otra. Alguien pregunta: «¿Cuál es el Camino?»; sin embargo, la respuesta del monje zen no guarda relación alguna con el Camino. Puede que diga: «¡Mira el río!»

o «Mira ese árbol, qué alto es». Esto es absurdo. La mente desea continuidad. Teme a los absurdos. Teme a lo irracional, teme a lo desconocido. Sin embargo, a la verdad no se llega mediante la intelectualización. No es ni una deducción ni una inducción. No es una conclusión lógica.

No estoy comunicándoles algo. Sólo estoy produciendo una situación. Si la situación se produce, algo que no puede ser comunicado será comunicado. Así que no pregunten cómo. Limítense a ser. Estén conscientes si pueden, y si no, estén conscientes de su inconsciencia. Estén alertas a lo que es. Si no pueden hacerlo, estén atentos a su falta de atención. Y la cosa ocurrirá. La cosa ocurre.

Con «producir una situación absurda», ¿quieres acaso decir que a la persona debe trastornársela de alguna forma? ¿Cuál será la consecuencia?

Las personas ya están suficientemente trastornadas. Sin embargo, debido a esto, se han identificado con sus trastornos. Se han acomodado a la situación, se han acostumbrado a su enfermedad. ¡Ya estamos trastornados! Es imposible desconocer la verdad, a menos que estemos trastornados.

El trastorno es nuestra situación normal; así, cuando yo los trastorno, su trastorno es trastornado. El trastorno queda entonces anulado. Te tranquilizas por primera vez. Cuando hablo de producir una situación absurda, no es para obtener algún resultado; más bien es un método para transmitir un mensaje que es esencialmente intransmisible.

Preguntas: «¿Cuál será la consecuencia?». Puedo responder a eso, advirtiendo que lo que se diga no debe ser tomado como la verdad. Debe ser tomado sólo en un sentido simbólico, poético, mítico. Para mí, cada escritura religiosa es un mito, y toda afirmación que provenga de una persona que ha experimentado el suceso es, en un sentido, engañosa. No es la verdad, sino sólo un indicador. Deberán olvidar al indicador antes de poder conocer la verdad.

Existen tres palabras que indican el límite más allá del cual sólo existe el silencio. Estas palabras son, *sat/chit/anand*: existencia, conciencia, éxtasis. La experiencia es una, pero al transformarla en un concepto la separamos en tres fases. Siempre es vivenciada como una, pero se halla conceptualizada en estas tres.

En esta existencia total (*sat*), esta total esidad, sólo estás. No eres ni esto ni lo otro; no estás identificado con nada. Existe sólo esta esidad.

La segunda es conciencia (*chit*). Esto no se refiere a la mente consciente. La mente consciente es sólo un fragmento de una mayor, inconsciente. Generalmente, cuando estamos conscientes, estamos conscientes de algo. La conciencia es objetiva, en el sentido de que se refiere a algo. *Chit* es conciencia pura, conciencia de nada. No hay objeto. La conciencia no está enfocada en algo; no tiene dirección. Es infinita, pura.

El último es *anand*, el éxtasis. No la felicidad, no la alegría, sino el éxtasis. La felicidad incluye un estado de infelicidad: un recuerdo de ella, un contraste frente a lo actual. La alegría también incluye una cierta tensión, algo que debe aliviarse, que debe apaciguarse. El éxtasis es felicidad sin rastro alguno de infelicidad; es alegría sin un precipicio que la rodee. Es felicidad sin asomo de tensión.

El éxtasis es el punto medio entre la alegría, por un lado, y la tristeza, por el otro. Es el punto medio, el punto de la trascendencia. Tiene la profundidad de la tristeza y la altura de la alegría: ambas cosas. La alegría tiene altura, pero no profundidad, mientras que la tristeza tiene profundidad —una profundidad abismal—, pero no una cima. El éxtasis tiene ambos: la altura de la alegría y la profundidad de la tristeza, de modo que trasciende a ambas. Sólo en el punto medio puede haber una trascendencia total de los dos extremos.

Estos tres términos, *sat/chit/anand*, son el límite: lo más que puede decirse y lo menos que puede ser experimentado. Ésta es la última cosa que puede ser expresada, y el límite a partir del cual podemos saltar hacia lo inexpresable. Éste no es el final. Es sólo el principio.

Satchitanand es sólo una expresión, no la realidad. Si recordamos esto, no se producirá daño alguno. Sin embargo, la mente olvida; y entonces la expresión *satchitanand* se transforma en una realidad. Creamos teorías y doctrinas en torno a ello, y la mente se cierra. Entonces no habrá salto. Esto ha ocurrido en India. La tradición entera se ha entretejido en torno a estas tres palabras. Sin embargo, la realidad no es *satchitanand*: está más allá de esto. Ésta es sólo la porción de la realidad que puede expresarse en palabras. Debiera tomarse como una metáfora. Toda la literatura religiosa es una parábola; es simbólica. Es una verbalización de algo intrínsecamente inexpresable.

Ni siquiera me gusta utilizar el término *satchitanand*, porque apenas la mente se entera de lo que debe ocurrir, comienza a preguntar y a exigir. Entonces exige *satchitanand*, y aparecen instructores que satisfacen la exigencia con mantras, con técnicas, con métodos. Toda exigencia puede ser satisfecha; por tanto, una exigencia insensata será satisfecha con absurdos. Todas las teologías y todo lo que se crea alrededor de los gurús surgen de esta forma.

Uno debe estar siempre muy atento a no convertir lo supremo en un objetivo deseable. No lo transformen en un deseo, en un objetivo que lograr o en un destino a donde viajar. ¡Se encuentra aquí en este momento! Si podemos llegar a ser conscientes, la explosión podrá ocurrir. Ahora mismo se encuentra cerca, es nuestro vecino más próximo; sin embargo, seguimos deseando lo que se halla lejos. Lo tenemos a nuestro lado, pero continuamos nuestro largo peregrinaje. Nos sigue como una sombra, pero nunca lo vemos, pues nuestros ojos se dirigen a lo que se encuentra lejos, a la distancia.

La vida debe estar en el ser. Hay un dicho de Lao Tse: «Busca, y perderás. No busques, y encontrarás».

Capítulo 10

Ventanas hacia lo divino

En la filosofía hindú, la naturaleza de la verdad última ha sido descrita como verdad (*satyam*), belleza (*sundaram*) y bondad (*shivam*). ¿Son estas las características de Dios?

Éstas no son las cualidades de Dios. Más bien es la forma como experimentamos a Dios. No pertenecen a la divinidad como tal; son nuestras percepciones. La divinidad, en sí, no puede ser conocida. La divinidad es, o bien todas las cualidades, o ninguna en absoluto. Pero tal como es, la mente humana puede vivenciar lo divino a través de tres ventanas: puedes tener un vistazo a través de la belleza, a través de la verdad o a través de la bondad. Estas tres dimensiones pertenecen a la mente humana. Son nuestras limitaciones. Somos nosotros quienes determinamos la estructura; la divinidad, en sí, es inestructurada. Es así: podemos ver el cielo a través de una ventana; la ventana parecerá un marco que rodea al cielo, pero el cielo mismo no tiene marco alguno. Es infinito. Sólo la ventana le pone un marco. Del mismo modo, la belleza, la verdad y la bondad son las ventanas a través de las cuales podemos percibir lo divino.

La personalidad humana se halla separada en tres niveles. Si el intelecto predomina, la divinidad adquirirá la forma de la verdad. El enfoque intelectual crea la ventana de la verdad, el marco de la verdad. Si la mente es emocional —si percibimos la realidad con el corazón, no con la cabeza—, la divinidad se convierte en belleza. La cualidad poética la pones tú. Es sólo el marco. El intelecto le pone un marco de verdad; la emoción la enmarca de belleza. Y si la personalidad no es ni emocional ni intelectual —si es la acción la que predomina— el marco resulta ser la bondad.

Así pues, aquí en India utilizamos estos tres términos para lo divino. El Bhakti yoga se refiere al camino de la devoción, y es para el tipo emocional. Dios es percibido como belleza. El Jnana yoga es el camino del conocimiento. Dios es percibido como verdad. Y el karma yoga es el camino de la acción. Dios es bondad.

La propia palabra «Dios» proviene de la palabra «bueno»[11].

Esta palabra ha sido la más influyente, porque la mayor parte de la humanidad es predominantemente activa, no es ni intelectual ni emocional. Esto no significa que no haya intelecto ni emoción, pero no son los factores que predominan. Muy pocos son intelectuales y muy pocos son emocionales. La mayor parte de la humanidad es predominantemente activa. A través de la acción, Dios se transforma en «lo bueno».

Pero también debe existir el polo opuesto; por tanto, si Dios es percibido como lo bueno, el demonio será percibido como lo malo. La mente activa percibirá al demonio como lo malo; la mente emocional lo verá como lo feo, y la mente intelectual, como lo engañoso, lo ilusorio, lo falso.

Estas tres características (verdad, bondad y belleza) son categorías humanas que enmarcan lo divino, que es, en sí, inestructurado. Estas no son cualidades de la divinidad como tal. Si la mente humana logra percibir la divinidad a través de una hipotética cuarta dimensión, esta cuarta dimensión también se transformará en una cualidad de la divinidad. No quiero decir que la divinidad no es bondad. Sólo afirmo que esta bondad es la cualidad que nosotros elegimos y vemos. Si el hombre no existiese en la tierra, la divinidad no sería buena, no sería hermosa, no sería verdadera. La divinidad existiría igual, pero estas cualidades —que nosotros elegimos— no estarían presentes. Éstas son sólo percepciones humanas. Podríamos percibir también otras cualidades en lo divino.

No sabemos si los animales captan lo divino, no sabemos siquiera cómo perciben las cosas, pero algo es seguro: no perciben lo divino en los

---

11   En el original, en inglés, La propia palabra «*God*» (Dios) proviene de la palabra «*good*» (bueno). (N. del T.).

términos humanos. Si percibiesen lo divino, lo harían en una forma muy diferente de la nuestra. Las cualidades que ellos percibirían no serían las mismas que percibimos nosotros. Cuando una persona es predominantemente intelectual, no puede imaginarse la idea de que Dios es hermoso. El concepto mismo es totalmente ajeno a su mente. Y un poeta no puede concebir que la verdad pueda significar otra cosa que belleza. Para él no puede implicar algo diferente. Verdad es belleza; cualquier otra cosa es simplemente intelectual. Para un poeta, para un pintor, para un hombre que percibe al mundo en los términos del corazón, la verdad es algo desnudo, sin belleza alguna. Es sólo una categoría intelectual. Así que si una mente determinada es predominantemente intelectual, no le será posible comprender a la mente emocional, y viceversa. Por eso existen tantos errores de interpretación y tantas definiciones. Ni una sola definición podrá ser aceptada por toda la humanidad. Dios debe venir a ti en tus propios términos. Cuando defines a Dios, eres parte de la definición. La definición surgirá de ti; Dios, como tal, es indefinible. De manera que aquellos que lo miran a través de estas tres ventanas han impuesto, en cierto modo, sus propias definiciones sobre lo divino.

Aquel que ha trascendido estas tres divisiones en su personalidad tiene la posibilidad de percibir a la divinidad de una cuarta forma. No tenemos una palabra para esta cuarta forma en India. La llamamos simplemente *turiya* (la cuarta). Existe un tipo de conciencia en la que no eres ni intelectual ni emocional ni activo, sólo consciente. De esa forma, no miras al cielo a través de ninguna ventana. Has salido fuera de tu casa, y ahora conoces la inmensidad del cielo. No hay patrón, no hay marco.

Sólo el tipo de conciencia que ha alcanzado la cuarta forma podrá comprender las limitaciones de las otras tres. Puede entender las dificultades que tienen los demás para comprender y también puede captar la similitud subyacente que existe entre la belleza, la verdad y la bondad. Sólo el cuarto tipo puede comprender y ser tolerante. Los otros tres tipos siempre estarán peleándose.

Todas las religiones pertenecen a una de estas tres categorías. Y han tenido una pugna constante. Buda no puede tomar parte en este conflicto. Él pertenece al cuarto tipo. Él dice: «Esto es absurdo. No están discutiendo acerca de cualidades de la divinidad; discuten acerca de sus ventanas. El cielo sigue siendo el mismo, visto desde cualquier ventana».

Así que estas no son cualidades divinas. Son cualidades divinas ¡tal como nosotros las percibimos! Si podemos destruir nuestras ventanas, conoceremos lo divino como carente de cualidades, ninguna. Entonces, trascendemos las cualidades. Sólo entonces deja de aparecer la proyección humana.

Sin embargo, cuando llega ese momento, resulta muy difícil decir algo. Cualquier cosa que se diga acerca de lo divino, sólo podrá ser dicha a través de las ventanas, pues cualquier cosa que pueda expresarse será dicha, en realidad, acerca de las ventanas y no acerca del cielo mismo. Cuando vemos más allá de las ventanas, vemos un cielo tan vasto, tan infinito. No puede definírsele. Ninguna palabra puede aplicársele; todas las teorías son inadecuadas.

De modo que aquel que se encuentra en el cuarto siempre ha permanecido en silencio a su respecto; las definiciones de lo divino provienen de los primeros tres. Si el que se halla en el cuarto dice algo, se expresa en términos aparentemente absurdos, ilógicos, irracionales. Se contradice a sí mismo. A través de la contradicción, intenta mostrar algo. No intenta decir algo; intenta mostrar algo.

Wittgenstein ha realizado esta distinción. Afirma que hay verdades que pueden ser expresadas y que hay verdades que pueden ser mostradas, pero no expresadas. Una cosa determinada es susceptible de definición porque existe entre otras cosas. Puede relacionársela con otras cosas, pueden hacerse comparaciones. Por ejemplo, siempre podemos decir que una mesa no es una silla. Podemos definirla en referencia a algún otro objeto. Posee un límite hasta donde se extiende, y más allá del cual comienza otra cosa. En realidad, sólo definimos el límite. Una definición alude al límite a partir del cual empiezan las demás cosas.

Sin embargo, no hay nada que podamos decir acerca de la divinidad. La divinidad es el total, de modo que no hay límite; no hay una frontera a partir de la cual comience otra cosa. No hay ninguna «otra cosa». Lo divino no tiene fronteras, así que no puede ser definido.

El cuarto sólo puede mostrar; sólo puede indicar. Es por eso que ha permanecido rodeado de misterio. Y el cuarto es el más auténtico, pues no se halla teñido por las percepciones humanas. Todos los grandes santos han indicado, no han dicho nada. Da lo mismo si se trata de Jesús, Buda, Mahavira o Krishna. Ellos no dicen nada, sólo indican algo; sólo un dedo apuntando a la luna.

Pero siempre existe la posibilidad de que te obsesiones con el dedo. El dedo no tiene significado alguno, sólo indica algo. No te quedes con la vista fija en el dedo. Si deseas ver la luna, debes olvidar al dedo por completo.

Ésta ha sido la mayor dificultad en lo que respecta a la divinidad. Ves la indicación y crees que esta indicación es, en sí, la verdad. Entonces, la intención del acto se pierde. El dedo no es la luna, son cosas totalmente diferentes. El dedo puede mostrar la luna, pero no debemos quedarnos pegados en el dedo. Si un cristiano no puede olvidar la Biblia, si un hindú no puede olvidar el Gita, el propósito se pierde. Todo se vuelve vago, insensato y, en cierto modo, irreligioso, antirreligioso.

Siempre que nos acerquemos a lo divino, debemos estar conscientes de nuestra mente. Si nos acercamos a la divinidad a través de la mente, la divinidad se teñirá de ella. Si te acercas a lo divino sin mente, sin tú mismo, sin que lo humano se entrometa; si te acercas como un vacío, como una vacuidad, una nada; sin conceptos previos, sin propensión alguna a ver las cosas de una manera determinada: sólo en ese caso te darás cuenta de que lo divino no posee cualidades, no de otro modo. De cualquier otra forma, todas las cualidades que otorguemos a lo divino serán parte de nuestras ventanas humanas. Se las impondremos a lo divino.

¿Estás diciendo que no necesitamos utilizar la ventana para ver el cielo?

Sí. Es mejor mirar por la ventana que no mirar; pero no puedes comparar el mirar por la ventana con la infinidad del cielo.

Pero ¿cómo puede uno salir al encuentro del cielo infinito?

Puedes pasar a través de la ventana para ir hacia el cielo, pero no debes permanecer en la ventana. De otro modo, la ventana estará siempre allí. La ventana debe ser dejada atrás. Debes atravesarla, trascenderla.

Cuando uno se encuentra en el cielo desaparecen las palabras, hasta que uno regresa al cuarto. Y ahí la historia vuelve...

Sí, uno puede regresar. Pero no podrá ser el mismo de antes. Ha conocido aquello que no tiene patrón, el infinito. Entonces, incluso desde la ventana sabrá que el cielo no tiene patrones, no tiene ventanas. Ni siquiera estando detrás de la ventana podrá engañarse. Aun si la ventana se cierra y el cuarto se oscurece, sabrá que el cielo infinito está allí. No podrá ser el mismo de nuevo.

Cuando has conocido el infinito, te has transformado en el infinito. Somos lo que hemos conocido, lo que hemos sentido. Una vez que has conocido el infinito, lo ilimitado, en cierto modo has llegado a ser infinito. Conocer algo es transformarse en eso. Conocer el amor es ser amor; conocer la oración es ser la oración; conocer lo divino es ser lo divino. Conocer es comprender, conocer es ser.

 ¿Las tres ventanas se convierten en una sola?

No. Cada ventana seguirá siendo lo que era. La ventana no ha cambiado, tú has cambiado. Si la persona es emotiva, saldrá y entrará a través de esa ventana, pero ahora no renegará de las demás ventanas; no tendrá una actitud antagónica respecto a ellas. Ahora comprenderá a los demás. Sabrá que las otras ventanas también conducen al mismo cielo.

Cuando has estado bajo el cielo, sabes que las demás ventanas forman parte de la misma casa. Ahora puedes explorar las demás ventanas o puedes no hacerlo. Depende de ti. No es necesario que lo hagas: una ventana es suficiente. Si una persona es como Ramakrishna, puede que recorra otras ventanas para comprobar si ve el mismo cielo a través de ellas. Depende de la persona. Puedes mirar a través de otras ventanas o puedes no hacerlo.

Y no es necesario, en realidad. Conocer el cielo es suficiente. Pero uno puede preguntar, sentir curiosidad. En ese caso, mirará a través de otras ventanas. Ha habido personas que han indagado y otras que no lo han hecho. Pero una vez que una persona ha conocido el cielo infinito, no renegará de las demás ventanas; no renegará de otros enfoques. Ratificará que esas ventanas tienen el mismo panorama al frente. Así, una persona que ha conocido el cielo se vuelve religioso, no sectario. La mente sectaria permanece detrás de la ventana; la mente religiosa la trasciende.

Aquel que ha visto el cielo puede explorar, puede acercarse también a otras ventanas. Existe infinita cantidad de ventanas. Éstas son las principales, pero no son las únicas. Existen tantas posibilidades de combinaciones.

¿Existe una ventana para cada conciencia, para cada hombre?

Sí. En cierta forma, cada persona llega a la divinidad a través de su propia ventana. Y cada ventana es básicamente diferente de todas las demás. Son infinitas las ventanas, e infinitas las sectas. Cada persona tiene su propia secta. Dos cristianos no son iguales. Dos cristianos difieren entre sí tanto como el cristianismo difiere del hinduismo.

Una vez que has conocido el cielo, te das cuenta de que todas las diferencias corresponden a la casa. Nunca corresponden a algo tuyo. Pertenecen a la casa en la que viviste, a través de la cual miraste, a través de la cual sentiste: pero no te pertenecen a ti como tal.

Cuando estás bajo el cielo, te das cuenta de que también formas parte de él, aun cuando has vivido entre paredes. El cielo del interior de la casa no es diferente al cielo de afuera. Una vez fuera, nos damos cuenta de que las barreras no eran reales. Ni siquiera una pared constituye una barrera para el cielo; no lo divide. Aparentemente, la pared divide al cielo:

esta es mi casa y esa es la tuya; el cielo de mi casa me pertenece a mí y el cielo de tu casa te pertenece a ti; sin embargo, cuando llegas a conocer al cielo mismo, ves que no hay diferencia. Deja entonces de haber individuos como tales. Las olas desaparecen y sólo el océano permanece. Volverás adentro nuevamente, pero ahora no serás diferente del cielo.

Parece ser que son muy pocos los cristianos que han ido y regresado del cielo con este concepto.

Hay algunos. San Francisco, Eckhart, Böhme...

No nos dijeron que se trataba del mismo cielo, ¿no?

No pudieron hacerlo. El cielo es siempre el mismo, pero no pueden contamos acerca de él de la misma forma. Los relatos acerca del cielo serán necesariamente diferentes; sin embargo, la base en que se fundamentan es la misma. Para quienes no han conocido aquello sobre lo cual se habla, el relato lo será todo. Entonces las diferencias se agudizan. Sin embargo, sólo se está relatando una selección, una opción. No se puede hablar acerca de la totalidad, sólo acerca de una parte. Y al hablar acerca de ello, se transforma en algo muerto.

San Francisco puede relatar sólo como san Francisco puede hacerlo. No puede hacerlo como Mahoma, pues el relato no proviene del cielo. El relato proviene del marco de la individualidad. Viene de la mente: los recuerdos, la educación, las experiencias; de las palabras, el lenguaje, la secta, de la vida que se lleva. El relato surge de todo eso. No es posible que la comunicación provenga sólo de san Francisco, pues un relato nunca puede ser totalmente individual. Debe ser público, de lo contrario será un completo fracaso.

Si hago un relato en mi propio lenguaje personal, nadie lo comprenderá. Cuando experimenté el cielo, lo experimenté sin la comunidad. Estaba totalmente sólo en ese momento. No había lenguaje, no había palabras. Sin embargo, cuando relato mi experiencia, se la relato a personas que no la han tenido. Debo hablar en su lenguaje. Tendré que utilizar el lenguaje que conocía antes de tener esta experiencia.

San Francisco utiliza el lenguaje cristiano. En mi opinión, las religiones son sólo lenguajes diferentes. Pienso que el cristianismo es un lenguaje determinado, derivado de Jesucristo. El hinduismo es otro lenguaje, el budismo es otro lenguaje. La diferencia siempre reside en el lenguaje. Sin embargo, si uno conoce sólo el lenguaje y no la experiencia a la que se refieren, la diferencia será necesariamente amplia.

Jesús habló del «reino de Dios» porque se expresaba en términos que pudieran ser comprendidos por su auditorio. La palabra «reino» fue bien comprendida por algunos y mal comprendida por otros. Consecuencia de esto fueron la cruz y la crucifixión. Aquellos que comprendieron a Jesús captaron lo que él quería decir con el «reino de Dios», pero aquellos que no lograron comprender creyeron que hablaba de un reino terrenal.

Pero Jesús no podía utilizar las palabras de Buda. Buda nunca habría utilizado la palabra «reino». Hay tantos motivos para esta diferencia. Jesús provenía de una familia pobre; su lenguaje era el de los pobres. Para un pobre, la palabra «reino» resulta muy expresiva; pero a Buda no le significaba nada, pues él mismo había sido un príncipe. La palabra no era significativa para Buda, pero sí lo era para Jesús.

Buda se transformó en un mendigo y Jesús en un rey. Así debía ocurrir. El otro polo se llena de significado. El polo que no conocemos aparece como expresión de lo desconocido. Mendigar era algo totalmente ajeno para Buda, de modo que adoptó la forma de lo desconocido, la forma de un mendigo. El término *bhikkhu* (mendigo) llegó a ser para él el más significativo.

La palabra *bhikkhu* nunca se utiliza en India, pues hay tantos mendigos aquí. En lugar de eso, utilizamos la palabra *swami* (maestro). Cuando alguien se transforma en un sannyasin, cuando renuncia, se transforma en un *swami*, un maestro. Pero cuando Buda renunció, se transformó en un *bhikkhu*, un mendigo. A Buda, esta palabra le significaba algo que no podía significarle a Jesús.

Jesús sólo pudo hablar con términos que tomó prestados de la cultura judía. Pudo modificar algo aquí y allá, pero no podía cambiar todo el lenguaje, pues nadie lo habría comprendido. Así que, en cierto sentido, no era un cristiano. Cuando san Francisco apareció, ya se había desarrollado una cultura cristiana, con un lenguaje propio. Por lo tanto, san Francisco era más cristiano que el mismo Cristo. Cristo siguió siendo judío: su vida entera era totalmente judía. No podía ser de otro modo.

Puede que si naces cristiano, el cristianismo no te resulte significativo; puede que no te toque. Cuanto más lo conoces, menos sentido tiene para ti. El misterio se pierde. Para un cristiano, el punto de vista hindú puede ser más significativo, más valioso. Puesto que es algo desconocido, puede expresar lo inconocible.

En mi opinión, es mejor para una persona no permanecer en la religión en que nació. Deberá renegar alguna vez de las actitudes y creencias que le fueron transmitidas desde su nacimiento: si no es así, la aventura nunca comenzará. No deberíamos quedarnos ahí donde nacimos. Deberíamos recorrer rincones desconocidos y experimentar el regocijo que ello implica.

A veces no nos es posible comprender aquello que creemos comprender mejor. Un cristiano cree comprender el cristianismo. Eso se transforma en una barrera. Un budista cree comprender el budismo porque lo conoce, pero esta forma de conocer es la que se transforma en el obstáculo. Sólo lo desconocido puede transformarse en lo magnético, lo oculto, lo esotérico.

Debemos trascender las circunstancias de nuestro nacimiento. El nacer en un medio cristiano es sólo producto de las circunstancias, es sólo circunstancial haber nacido en el seno de la religión hindú. No debiéramos permitir que las condiciones de nuestro nacimiento nos limiten. Al menos en lo que a la religión respecta, debemos nacer dos veces. Debemos recorrer los rincones desconocidos. Entonces aparece la excitación. Comienza la búsqueda.

Las religiones son, en cierta forma, complementarias. Deben trabajar mancomunadas, deben aceptar a las demás. Un cristiano, un hindú o un judío deben conocer la emoción, la excitación de la conversión. La emoción de la conversión crea la base para la transformación. El occidental que vaya al Oriente siempre encontrará algo nuevo. La actitud oriental es tan diferente que no puede encasillarla en las categorías que le son familiares. La mentalidad es tan diferente, tan opuesta de la que conoces que si deseas comprenderla, deberás cambiar tú.

Lo mismo le ocurre a alguien que se traslade de Oriente a Occidente. Debiera ocurrir. Uno debiera estar lo suficientemente abierto como para que ocurra. Es lo desconocido, lo que no nos es familiar, lo que produce el cambio.

En India no pudimos crear una religión como el cristianismo. No pudimos crear una teología. No pudimos crear un Vaticano, una Iglesia. Existen templos, pero no una Iglesia. La mente oriental es fundamentalmente ilógica, de modo que necesariamente será, en cierto sentido, caótica. Siempre se mantiene a nivel individual; no puede formar organizaciones.

Un sacerdote católico es algo muy diferente. Está entrenado para formar parte de una organización. Pertenece a algún punto de la jerarquía. Y eso resulta. Una institución, una jerarquía, es lógica; es así como el cristianismo ha logrado difundirse en todo el mundo.

El hinduismo nunca ha intentado convertir a nadie. Incluso si alguien se ha convertido, el hinduismo no se sentirá cómodo con esa persona. Es una religión que no intenta convertir, que no tiene una organización. No existe el sacerdocio en la forma en que se presenta en el catolicismo. El monje hindú es sólo un individuo errante que no tiene ninguna jerarquía, que no pertenece a ninguna institución. No tiene raíz alguna. En lo que al mundo exterior respecta, este estilo es un fracaso; sin embargo, en lo que al individuo respecta, en lo que respecta a la profundidad interior, es necesariamente un éxito.

Vivekananda se sintió muy atraído por el cristianismo. Creó la Orden de Ramakrishna basándose en el patrón del sacerdocio católico. Esto es algo muy ajeno al Oriente. Es totalmente occidental. La mente de Vivekananda no tenía nada de oriental. Y, tal como afirmo que Vivekananda era occidental, también digo que Eckhart y san Francisco eran orientales. Pertenecían básicamente al Oriente.

Jesús mismo perteneció al Oriente. Pero el cristianismo no es oriental, sino occidental. Jesús era fundamentalmente oriental; era antieclesiástico, antiorganizaciones. Ése fue el problema.

La mente occidental piensa en términos de lógica, raciocinio, sistema, argumentación. No puede profundizar mucho; permanecerá en la superficie. Será extensiva, pero nunca intensiva.

Así, entonces, las religiones organizadas representan un velo para nosotros.

Deberán desaparecer para que podamos ver el cielo. Sí. Tapan la ventana. Constituyen un obstáculo.

¿La mente occidental deberá expandirse tal como lo ha hecho la mente oriental?

La mente occidental puede tener éxito en el campo de la ciencia, pero no en el campo de la conciencia religiosa. Una mente religiosa siempre será oriental, aun en Occidente. En Eckhart, en Böhme, la cualidad esencial de la mente es oriental. Y cuandoquiera que aparece una mente científica en el Oriente, será necesariamente occidental. Oriente y Occidente no son una división geográfica. «Occidente» se refiere a lo aristotélico y «Oriente» a lo no-aristotélico. «Occidente» significa equilibrio y «Oriente» significa no-equilibrio; «Occidente» se refiere a lo racional y «Oriente» a lo irracional.

Tertuliano fue una de las mentes más orientales de Occidente. Decía: «Creo en Dios porque es imposible creer. Creo en Dios porque es absurdo». Ésta es la actitud fundamental del Oriente: porque es absurdo. Nadie puede decir esto en Occidente. En Occidente afirman que sólo puedes creer algo cuando es racional. Si no es así, es sólo una creencia, una superstición.

Eckhart es también una mente oriental. Dice: «Creer en lo posible no es una creencia. Creer en argumentos no te guiará hacia la religión. Esto forma parte de la ciencia. Sólo si crees en lo absurdo vendrá a ti algo que se encuentra más allá de la mente». Este concepto no es occidental. Pertenece al Oriente.

Por otra parte, Confucio es una mente occidental. Los occidentales pueden comprender a Confucio, pero nunca comprenderán a Lao Tse. Lao Tse dice: «Eres un necio si sólo eres racional. Ser racional, razonable, no es suficiente. Lo irracional debe tener su propio dominio. Una persona es razonable sólo si es tanto racional como irracional».

Una persona totalmente racional nunca podrá ser razonable. La razón tiene su propio rincón oscuro de irracionalidad. Un niño nace en un oscuro útero. Una flor nace en la oscuridad, en las raíces del subsuelo. La oscuridad no debe ser negada; es la base. Es lo más significativo, lo que más vida da.

La mente occidental ya dio su aporte al mundo. Es la ciencia, no la religión. La mente oriental sólo puede contribuir con la religión, no con la tecnología o la ciencia. La ciencia y la religión son complementarias. Si podemos darnos cuenta tanto de sus diferencias como de su complementariedad, podrá surgir una mejor cultura mundial.

Si uno necesita ciencia, debiera ir a Occidente. Pero si Occidente crea una religión, esta nunca podrá superar un nivel teológico. En Occidente tratas de convencerte con argumentos de que Dios existe. ¡Argumentos para probar la existencia de Dios! Eso es inconcebible en Oriente; no puedes probar su existencia. El esfuerzo por hacerlo es absurdo. Aquello que puede ser probado nunca será Dios; será una conclusión científica. En Oriente decimos que lo divino es lo que no puede probarse. Cuando te aburras de tus pruebas, salta a la experiencia misma; salta a lo divino.

La mente oriental sólo puede ser pseudocientífica; del mismo modo, la mente occidental sólo puede ser pseudorreligiosa. Han creado una gran teología en Occidente, no una tradición religiosa. Del mismo modo, cuandoquiera que en Oriente se intenta algo en pro de la ciencia, sólo surgen técnicos, no científicos; personas que saben cómo hacer cosas, no innovadores, no creadores.

Por tanto, no vengan al Oriente con una mente occidental, o lo comprenderán todo en forma equivocada. Y luego creerán que lo que han comprendido es la idea correcta. La actitud oriental es totalmente opuesta. Sólo los opuestos, como el macho y la hembra, son complementarios.

La mente oriental es femenina, la mente occidental es masculina. La mente occidental es agresiva. La lógica es necesariamente agresiva, violenta. La religión es receptiva, tal como una mujer. Dios sólo puede ser recibido, no puede ser descubierto o inventado. Debemos ser como una mujer, totalmente receptivos, limitamos a estar abiertos, esperando. A esto se refiere la meditación.

Ramakrishna afirmó que el esquema bhakti es el más adecuado a esta época. ¿Es cierto eso?

No. Ramakrishna afirmó que el Bhakti yoga era el enfoque más adecuado porque para él lo era. Ésa fue la principal ventana a través de la cual él vio el cielo. No se trata de que un enfoque sea adecuado o no lo sea para una época particular. No podemos pensar en términos de épocas.

Los siglos existen de forma contemporánea. Parecemos ser contemporáneos; podemos no serlo. Puedo estar viviendo veinte siglos atrás. Nada es totalmente parte del pasado. Para alguien eso forma parte del presente. Nada es totalmente del futuro. Para alguien forma parte del presente. Y nada es totalmente presente tampoco. Para alguien forma parte del pasado y para otro aún no llega. Así que nada puede decirse tan categóricamente para una época como tal.

Ramakrishna era una persona devota. Llegó a Dios a través de la oración y el amor, a través de la emoción. Se realizó de esta forma; por lo tanto, le pareció que este camino le sería útil a todo el mundo. No pudo comprender cómo podía resultarle difícil a otros. Por mucho que simpaticemos con los demás, siempre los vemos a la luz de nuestras propias experiencias. Fue así como a Ramakrishna le pareció que el medio era el Bhakti yoga: el camino de la devoción. Si queremos pensar en términos de épocas, podemos decir que esta es la más intelectual, la más científica, la más tecnológica; y la menos devocional, la menos emocional. Lo que Ramakrishna afirmó que era bueno para él puede haberlo sido para los que lo rodeaban; sin embargo, Ramakrishna nunca tuvo influencia amplia en el mundo. Pertenece fundamentalmente a la aldea, a la mente no- tecnológica, no-científica. Era un aldeano ineducado, se hallaba limitado a su propio círculo, de modo que lo que dijo debiera ser comprendido considerando el lenguaje de su aldea. No pudo concebir los días que ahora vivimos. Formaba parte del mundo del labriego, en donde el intelecto es nada y la emoción lo es todo. Él no era un hombre de esta época. Lo que él decía era correcto para el mundo en el cual se movía, pero no lo es para el mundo actual.

Estas tres categorías siempre han existido: lo intelectual, lo activo, lo emocional. Siempre habrá un equilibrio entre ellas, tal como existe equilibrio entre machos y hembras. El equilibrio no puede perderse durante mucho tiempo. Si se pierde, pronto se recuperará.

El Occidente ha perdido su equilibrio. El intelecto se ha convertido en el factor predominante. Puede resultarles atractivo el que Ramakrishna diga: «La devoción es el camino para esta época», porque su equilibrio se ha perdido. Pero Vivekananda afirma lo contrario. Dado que el Oriente también se ha desequilibrado, él es predominantemente intelectual. Esto es sólo para equilibrar el extremo existente. Es, en cierta forma, complementario.

Ramakrishna era de tipo emocional y su principal discípulo era de tipo intelectual. Eso fue así necesariamente. Ése es el acoplamiento: el macho y la hembra. Ramakrishna es totalmente femenino: no agresivo, receptivo. El sexo no sólo existe en la biología; existe por todas partes. En todos los campos, dondequiera que exista la polaridad, existe el sexo y la atracción de los opuestos.

Vivekananda nunca pudo sentirse atraído por ningún intelectual. Eso no podía ocurrir, pues él no era el polo opuesto. Existían gigantes intelectuales en Bengala. Los visitaba y regresaba con las manos vacías. No sentía atracción. Ramakrishna era la persona menos intelectual existente. Él era todo lo que Vivekananda no era, todo lo que él estaba buscando.

Vivekananda era el opuesto de Ramakrishna; por tanto, lo que él enseñó en nombre de Ramakrishna no contenía el mismo espíritu que la enseñanza del mismo Ramakrishna. Así, cualquiera que se acerque a Ramakrishna a través de Vivekananda nunca podrá llegar realmente a Ramakrishna. El que comprenda la interpretación que Vivekananda hace de Ramakrishna nunca puede comprender a Ramakrishna mismo. La interpretación proviene del polo opuesto.

Cuando la gente dice: «Nunca habríamos sabido de Ramakrishna de no ser por Vivekananda», tienen razón, en cierto sentido. El mundo en extenso nunca habría oído de Ramakrishna si no hubiera sido por Vivekananda. Sin embargo, Vivekananda falseó todo lo que se conoce acerca de Ramakrishna. Es una interpretación falsa. Esto se debe a que su tipo es el opuesto al de Ramakrishna. Ramakrishna nunca argumentó; Vivekananda era argumentador. Ramakrishna era ignorante; Vivekananda era un hombre sapiente. Lo que Vivekananda dijo acerca de Ramakrishna fue dicho a través del cristal de Vivekananda. Nunca fue auténtico. No podía serlo.

Esto ha ocurrido siempre. Seguirá ocurriendo. Buda atrae a personas que son su polo opuesto. Mahavira y Jesús atraen a personas que, espiritualmente, pertenecen al otro sexo. Estos opuestos son los que después crean la organización, el orden. Interpretarán. Los mismos discípulos serán los falsificadores. Pero esto es como es. No puede ser de otra manera.

Capítulo 11

Cómo preguntar

No formulen preguntas teóricas. Las teorías resuelven menos y confunden más. Si no hubiera teorías, habría menos problemas. No es que las teorías resuelvan preguntas o problemas. Al contrario: las preguntas surgen de las teorías.

Tampoco formulen preguntas filosóficas. Las preguntas filosóficas parecen ser preguntas, pero no lo son. Por eso no ha sido posible obtener respuestas. Si una pregunta es realmente una pregunta, será posible responderla; pero si es falsa, si es sólo una confusión lingüística, no podrá ser respondida. La filosofía ha entregado respuestas por siglos y siglos, pero las preguntas siguen siendo las mismas. Comoquiera que respondas una pregunta filosófica, nunca la responderás satisfactoriamente, porque la pregunta misma es falsa. No pretende ser respondida. La pregunta es tal que, intrínsecamente, no hay respuesta posible.

Ni tampoco formulen preguntas metafísicas. Por ejemplo, si preguntas quién creó al mundo, no habrá respuesta posible. Es absurda. No se trata de que las preguntas metafísicas no sean verdaderas preguntas, pero no hay respuesta para ellas. Pueden ser resueltas, pero no respondidas.

Formulen preguntas personales, íntimas, existenciales. Uno debe estar consciente de lo que está realmente preguntando. ¿Se trata de algo realmente importante para ti? Si obtienes respuesta, ¿se abrirá una nueva dimensión para ti? ¿Tu existencia obtendrá algo de ello, tu ser se transformará de alguna forma? Sólo estas preguntas son religiosas. La religión guarda relación con problemas, no con preguntas. Una pregunta puede surgir simplemente de la curiosidad, pero un problema es íntimo y personal. Te encuentras comprometido en él; el problema eres tú. Una pregunta se halla separada de ti; un problema eres tú. Así, antes de preguntar algo, profundiza en ti y pregunta algo que sea íntimo y personal, algo en lo que te encuentres confundido, algo en lo que te halles comprometido. Sólo entonces podrás recibir ayuda.

Tengo bastantes preguntas, pero la principal es que me gustaría saber si todo está predeterminado, toda mi vida. Independientemente de lo que haga, hay un camino que seguirá. ¿Puedo intervenir de alguna manera?

Ambas cosas: sí y no.

¿Están predestinadas nuestras vidas o no lo están?

Éste no es un problema personal, es una pregunta filosófica.

Nuestras vidas están predestinadas y no lo están. Sí y no. Y ambas respuestas resultan verdaderas para todas las interrogantes acerca de la vida. En cierto modo, todo se halla predeterminado. Todo lo que en ti es físico, todo lo que es material, todo lo que es mental, se halla predeterminado. Pero hay algo en ti que es siempre impredecible. Ese algo es tu conciencia.

Estarás determinado por la causa y el efecto en la misma proporción en que estés identificado con tu cuerpo y con tu existencia material. En un extremo, eres una máquina. Pero si no te identificas con tu existencia material, ni con el cuerpo ni con la mente —si te sientes separado, diferente, trascendente al cuerpo/mente—, en ese caso, esa conciencia trascendente no se halla predeterminada. Es espontánea, libre. Conciencia significa libertad; materia significa esclavitud. Así, entonces, depende de la forma en que te autodefines. Si dices: «Soy sólo el cuerpo», todo lo que guarde relación contigo estará totalmente determinado.

Una persona que afirme que somos sólo un cuerpo no puede decir que el hombre no se halla predeterminado. En general, los que no creen en la conciencia tampoco creen en la predeterminación; por otra parte, las personas religiosas que creen en la conciencia por lo general también creen en la predeterminación. Así que lo que digo puede parecer muy contradictorio. Pero, sin embargo, así es.

Una persona que ha conocido la conciencia ha conocido la libertad.

Por tanto, sólo una persona espiritual puede decir que la determinación no existe. Esta comprensión sólo viene cuando te desidentificas totalmente de tu cuerpo. Si te concibes sólo como existencia material, no tendrás libertad. Con la materia, la libertad no es posible. La materia significa: aquello que no puede ser libre. Debe seguir la cadena de la causa y el efecto.

Cuando alguien alcanza la consciencia, la iluminación, queda totalmente fuera del dominio de la causa y el efecto. Se vuelve totalmente impredecible. Nada puedes decir a su respecto. Comienza a vivir cada momento; su existencia se vuelve atómica.

Tu existencia es una cadena en la cual cada etapa se encuentra determinada por el pasado. Tu futuro no es un futuro real; es sólo un producto del pasado. Es el pasado el que determina, modela, formula y condiciona tu futuro. Por eso tu futuro es predecible.

Skinner afirma que el hombre es tan predecible como cualquier otra cosa. La única dificultad consiste en que aún no se cuenta con medios como para conocer todo el pasado de un individuo. Si pudiéramos conocer su pasado, podríamos predecir todo su futuro. Dadas las personas con las que trabajó, Skinner tiene razón, pues todas eran totalmente predecibles. Ha experimentado con centenares de personas y ha encontrado que todas son seres mecánicos, que no existe nada en su interior a lo que pueda llamarse libertad.

Pero su estudio tiene limitaciones. Nunca llegó un Buda a su laboratorio para someterse a sus experimentos. Si sólo una persona es libre, si sólo una persona no es mecánica, no predecible, toda la teoría de Skinner se viene abajo. Si una persona en toda la historia de la humanidad es libre e impredecible, significa que el hombre es potencialmente libre e impredecible.

La posibilidad de la libertad depende de si se destaca el cuerpo o la conciencia. Si sólo eres un flujo de vida hacia el exterior, todo estará determinado. ¿O también eres algo interno? No des ninguna respuesta preconcebida. No respondas: «Yo soy el alma». Si sientes que no hay nada en tu interior, sé sincero respecto a eso. Esta sinceridad será el primer paso hacia la libertad interna de la conciencia.

Si entras profundamente en ti, verás que todo es sólo parte de lo exterior. Tu cuerpo ha venido de fuera, tus pensamientos provienen de fuera; incluso tu personalidad te ha sido dada por otros. Por eso temes tanto a la opinión de los demás: porque te controlan totalmente. En cualquier momento pueden cambiar la opinión que tienen de ti. Tu personalidad, tu cuerpo, tus pensamientos te han sido dados por otros; entonces, ¿qué hay dentro? Estás formado por capas y capas de acumulación de lo exterior. Si estás identificado con esta personalidad que proviene de los demás, todo se hallará determinado.

Toma conciencia de todo lo que proviene del exterior y no te identifiques con ello. Llegará entonces el momento en que lo exterior caiga por sí sólo. Te encontrarás en un vacío. Este vacío es el pasadizo entre el exterior y el interior, la puerta. Tememos tanto al vacío, tememos tanto al estar vacíos que nos aferramos a la acumulación de lo externo. Debemos tener el valor suficiente para desidentificarnos de la acumulación y permanecer en el vacío. Si no eres lo suficientemente valeroso, saldrás y te colgarás de algo; serás entonces llenado por ese algo. Pero este momento en que permaneces en el vacío es de meditación. Si eres valeroso, si puedes permanecer en este momento, pronto todo tu ser se volverá automáticamente hacia dentro.

Cuando no hay nada exterior a lo cual apegarse, tu ser se vuelve hacia dentro. En ese momento te das cuenta por primera vez que eres algo que trasciende todo lo que has creído que eras. Ahora eres diferente del devenir; eres ser. El ser es libre; nada puede determinarlo. Es libertad absoluta. Ninguna cadena de causa y efecto resulta posible.

Tus acciones se relacionan con acciones pasadas. A creó una situación para que pudiera producirse B; B crea una situación en la que C florece. Tus actos se encuentran conectados con actos pasados, y esta situación se pierde interminablemente en el pasado y hacia el futuro. No sólo tus propios actos te determinan, sino que también los de tu padre y madre tienen continuidad con los tuyos. Tu sociedad, tu historia, todo lo que ha ocurrido antes, está de alguna forma relacionado con tu acto presente. Toda la historia ha florecido en ti.

Todo lo que alguna vez ha ocurrido guarda relación con tu acto; de modo que tu acto se encuentra, obviamente, determinado. Es una parte tan minúscula de todo el panorama. La historia es una fuerza vital tan grande, y tu acto individual es una parte tan pequeña de ella.

Marx dijo: «No es la conciencia la que determina las condiciones de la sociedad. Es la sociedad y sus condiciones las que determinan la conciencia. No es que los grandes hombres sean los creadores de las grandes sociedades. Las grandes sociedades son las que crean grandes hombres». Y en cierto modo tiene razón, pues no eres tú quien origina tus propios actos. Toda la historia los ha determinado. Te limitas a llevarlos a cabo.

El proceso evolutivo entero se ha dado en la producción de tus células biológicas. Estas células que forman parte de ti pueden posteriormente pasar a formar parte de otra persona. Puedes creer que eres el padre, pero sólo has sido un eslabón al que toda la evolución biológica ha forzado a actuar. El acto de la procreación es así de imperioso porque se halla más allá de ti; es el proceso evolutivo completo actuando a través de ti. Ésta es una forma en la que los actos ocurren en relación con otros actos pasados.

Pero cuando una persona se ilumina, comienza a ocurrir un nuevo fenómeno. Sus actos dejan de estar conectados a los actos pasados. Todo acto guarda ahora solamente relación con su conciencia. Surge de su conciencia, no del pasado. Por eso una persona iluminada es impredecible.

Skinner afirma que puede determinar lo que harás, con la condición de conocer tus actos pasados. Dice que el viejo proverbio: «Puedes llevar a un caballo hacia el agua, pero no puedes forzarlo a beber», es falso. Puedes forzarlo. Puedes crear una atmósfera tal que el caballo se vea obligado a beber. El caballo puede ser forzado y tú también, pues tus actos surgen de situaciones, de circunstancias. Pero aun cuando puedas llevar a un Buda al río, no podrás forzarlo a beber. Cuanto más lo fuerces, más imposible te resultará. El calor, por intenso que fuere, no lo hará beber. Ni siquiera mil soles irradiando sobre él darán resultado. El origen de los actos de un Buda es diferente. No guarda relación con otros actos; guarda relación con la conciencia.

Por eso insisto en que actúen conscientemente. Entonces, cada uno de sus actos no será la continuación de otros actos. Son libres. Ahora eres tú quien actúa, y nadie podrá decir cómo lo harás.

Los hábitos son mecánicos, se repiten. Cuanto más repites algo, mayor eficiencia logras. La eficiencia implica que la conciencia ya no es necesaria. Si una persona es un dactilógrafo eficiente, eso implica que no necesita esforzarse; puede realizar su trabajo en forma inconsciente. Incluso puede pensar en otras cosas mientras trabaja. El cuerpo trabaja; el hombre es innecesario. Eficiencia significa que lo que se hace es tan certero que es imposible realizar errores. Con la libertad siempre cabe el error. Una máquina no puede cometer errores. Para cometerlos, debemos ser conscientes.

Así, entonces, tus actos tienen estrecha relación con tus actos anteriores. Se encuentran determinados. Tu niñez determina tu juventud; tu juventud determina tu vejez. Tu nacimiento determina tu muerte; todo está determinado. Buda solía decir: «Proporcionen la causa, y aparecerá el efecto». Éste es el mundo de la causa y el efecto, en el cual todo se encuentra determinado.

Si actúas con total conciencia, se producirá una situación totalmente diferente. *Todo ocurrirá de momento a momento. La conciencia es un flujo, no es estática. Es la vida misma, de modo que cambia. Está viva. Se expande todo el tiempo; se renueva, se refresca, rejuvenece. Entonces,* tus actos serán espontáneos.

Recuerdo una historia zen...

Un maestro zen formuló a su discípulo una pregunta determinada. La pregunta fue respondida tal como debía serlo. Al día siguiente, el maestro formuló exactamente la misma pregunta. El discípulo respondió: «Pero contesté esta pregunta ayer».

El maestro dijo: «Ahora te pregunto de nuevo». El discípulo repitió la misma respuesta. El maestro respondió: «¡No sabes!».

El discípulo dijo: «Pero ayer respondí de la misma forma y usted asintió con la cabeza. Por lo tanto, yo entendí que la respuesta era correcta. ¿Por qué ha cambiado ahora de opinión?».

Respondió el maestro: «Cualquier cosa que pueda repetirse no proviene de ti. La respuesta viene de tu memoria, no de tu conciencia. Si realmente supieras, la respuesta habría sido diferente, pues son tantas las cosas que han cambiado. Yo no soy la misma persona que ayer te formuló esta pregunta. La situación completa es diferente. Tú también has cambiado, pero la respuesta es la misma. Tuve que repetir la pregunta solamente para ver si ibas a repetir la respuesta. Nada puede repetirse».

Cuanto más vivo estés, menos repetitivo serás. Sólo un muerto puede ser consistente. La vida es inconsistente; la vida es libertad. La libertad no puede ser consistente. ¿Consistente con qué? Sólo puedes ser consistente con el pasado.

Una persona iluminada es consistente sólo en su conciencia; nunca es consistente con su pasado. Está totalmente involucrada en el acto. Nada queda atrás; nada queda afuera. Al minuto siguiente el acto termina y su conciencia está fresca nuevamente. La conciencia estará allí cuandoquiera que se produzca una situación, pero cada acto será realizado en total libertad, como si fuese la primera vez que este hombre se encuentra en esta situación específica.

Por eso contesté sí y no a tu pregunta. Depende de ti: depende de si eres conciencia o si eres una acumulación, una existencia corpórea.

La religión libera porque la religión da la conciencia. Cuanto más sepa la ciencia acerca de la materia, más será esclavizado el mundo. El fenómeno de la materia es el de causa y efecto. Si sabes que dado «esto», ocurre «eso», todo puede ser determinado.

Antes de que termine este siglo, veremos cómo el curso entero de la humanidad será determinado de muchas maneras. La mayor calamidad que puede ocurrir no es la guerra nuclear. Eso sólo puede destruir. La verdadera calamidad vendrá de las ciencias psicológicas. Aprenderán la forma de controlar totalmente a un ser humano. Dado que no somos conscientes, se nos puede hacer actuar de formas preestablecidas.

Tal como estamos, todo lo que somos se halla determinado. Alguien es hindú, otro es mahometano. Esto es predeterminación, no libertad. Los padres han decidido; la sociedad está decidiendo. Alguien es médico y otro es ingeniero. Ahora su conducta se halla determinada.

Ya en la actualidad se nos está controlando constantemente, y nuestros métodos aún son bastante primitivos. Las técnicas que tendremos podrán determinar nuestra conducta en tal grado que nadie será capaz de decir que el alma existe. Si todas tus respuestas se hallan determinadas, ¿cuál es el sentido del alma?

Tus respuestas pueden determinarse a través de la química del cuerpo. Si te dan alcohol, te comportas de otra forma. La química de tu cuerpo es diferente, así que te comportas en forma diferente. En un tiempo, la suprema técnica del tantra consistía en ingerir tóxicos y permanecer consciente. Sólo si una persona permanecía consciente cuando todo indicaba que debía estar inconsciente: sólo entonces el tantra reconocía que el hombre estaba iluminado.

Si la química del cuerpo puede modificar tu conciencia, ¿cuál es entonces el sentido de la conciencia? Si una inyección puede sumirte en la inconciencia, ¿qué sentido tiene? La droga química que la inyección contiene es, entonces, más poderosa que tu propia conciencia. El tantra afirma que es posible trascender toda sustancia intoxicante y permanecer consciente. Se ha dado el estímulo, pero la respuesta no aparece.

El sexo es un fenómeno químico. Una cantidad determinada de cierta hormona crea el deseo sexual. Te transformas en el deseo. Puede que te arrepientas cuando la química de tu cuerpo se haya regularizado, pero no tiene sentido que lo hagas. Cuando aparezcan nuevamente las hormonas, actuarás de la misma forma. Así, por tanto, el tantra también ha experimentado con el sexo. Si no sientes deseo sexual en una situación totalmente sexualizada, eres libre. La química corporal ha sido dejada muy atrás. El cuerpo está allí, pero tú no estás en el cuerpo.

La ira también es mera química. Los bioquímicos pronto podrán impermeabilizarte a la ira o al sexo. Pero no serás un Buda. Buda no era incapaz de experimentar ira. Era capaz de ello, pero el efecto de experimentar la ira no aparecía.

Si la química de tu cuerpo es controlada, serás incapaz de enojarte. La condición química que te hace sentir enojado no estará allí, así que el efecto de la ira tampoco aparecerá. O bien, si las hormonas sexuales son expulsadas de tu cuerpo, no experimentarás el sexo. Pero lo realmente importante no es si eres sexual o no lo eres, si experimentas ira o no. Lo importante es cómo permanecer consciente en una situación que exige tu inconciencia, cómo estar consciente en una situación que sólo ocurre en medio de la inconciencia.

Cuandoquiera que se presente tal situación, medita en ella. Se te presenta una gran oportunidad. Si sientes celos, medita en ello. Este es el momento oportuno. La química de tu cuerpo te está influyendo por dentro. Te hará inconsciente; te hará comportarte como un loco. Ahora sé consciente. Permite que los celos se manifiesten, no los reprimas, pero permanece consciente; sé un testigo frente a esto.

Si la ira aparece, sé testigo de ella; si aparece el sexo, sé un testigo frente a él. Permite que todo lo que está ocurriendo en tu interior se manifieste, y comienza a meditar en la situación completa. Y mientras más se profundice tu conciencia, serán cada vez menos las posibilidades de que tu conducta te sea determinada. Te liberas. El *moksha*, la libertad, no significa otra cosa. Sólo se refiere a una conciencia que es tan libre que nada puede ahora determinarla.

¿Qué es el divino amor? ¿Cómo experimenta el amor una persona iluminada?

Primero consideremos la pregunta misma. Debes haber estado esperando para formularla. No puede haberte venido a la cabeza en este preciso momento; debes haberla elegido por adelantado. Era una pregunta que esperaba; te estaba forzando a formularla. Tu memoria ha determinado el que preguntes, no tu conciencia. Si estuvieses consciente en este preciso momento, si estuvieses en este ahora, esta pregunta no habría aparecido. Si hubieses estado escuchando lo que he dicho, hubiese sido imposible que esta pregunta se produjera.

Si la pregunta ha estado presente en ti, es imposible que hayas escuchado nada de lo que he dicho. Una pregunta que está constantemente presente en la mente produce tensión, y esta tensión impide que estés aquí. Por esto tu conciencia no puede actuar con libertad. Si comprendes esto, podremos responder tu pregunta.

La pregunta en sí es buena, pero la mente que ha estado pensando en ella se encuentra enferma. La conciencia debe estar presente en todo momento; no sólo en los actos, sino también en las preguntas, en todo gesto. Si levanto el dedo, puede que sólo se trate de un hábito. En ese caso, no soy el amo de mi cuerpo. Pero si es la expresión espontánea de algo que en este preciso instante se encuentra presente en mi conciencia, toda la situación cambia.

Todos los gestos de un predicador cristiano se hallan predeterminados. Se los han enseñado. Una vez estuve en una escuela teológica cristiana. Después de permanecer cinco años en esta escuela, te transformas en un doctor en divinidad. ¡Absurdo! ¡Un doctor en divinidad es una completa idiotez! Se les entrenaba en todo: cómo pararse en el pulpito, cómo comenzar el servicio, cómo cantar el himno, cómo mirar al auditorio, dónde detenerse y dónde dejar una pausa o intervalo. ¡Todo! Esta necedad no debe ocurrir. Es una gran desgracia.

Así que debes estar en el momento. No decidas nada por anticipado. Toma conciencia de que la pregunta está presente en ti, de que golpea la puerta de tu mente continuamente. No me estabas escuchando en absoluto, ¡sólo por esta pregunta! Y cuando comienzo a hablar acerca de tu pregunta, tu mente creará otra pregunta. Te equivocarás nuevamente. Lo que estoy diciendo no te sirve sólo a ti. Vale para todos.

Ahora, la pregunta.

Cuandoquiera que el amor existe, es divino, de modo que hablar de «amor divino» no tiene sentido. El amor siempre es divino. Pero la mente está llena de trucos. Dice: «Sabemos lo que el amor es. Es sólo que no sabemos lo que es el amor divino». Pero ni siquiera conocemos el amor. Es una de las cosas más desconocidas. Es mucho lo que se habla acerca de él, pero nunca se le vive. Éste es un truco de la mente. Hablamos acerca de lo que no podemos vivir.

La literatura, la música, la poesía, la danza... todo gira en torno al amor. Si el amor estuviese realmente presente, no hablaríamos tanto acerca de él. Lo mucho que hablamos acerca del amor demuestra que el amor no está presente. Hablar acerca de cosas que no están es un sustituto. Al hablar, al utilizar el lenguaje, los símbolos, el arte, creamos la ilusión de que la cosa está presente. Aquel que nunca ha conocido el amor puede escribir una mejor poesía acerca de él que uno que lo ha conocido realmente, pues tiene un vacío mucho más profundo. Debe llenarlo. Debe crear algo que sustituya al amor.

Es mejor comprender primero lo que es el amor, porque cuando preguntas acerca del amor divino se sobrentiende que conoces el amor. Pero no es así. Lo que se conoce con el nombre de amor es otra cosa. Debe conocerse lo falso antes de dar pasos hacia lo real, lo verdadero.

Lo que llamamos amor es sólo apasionamiento. Comienzas a amar a alguien. Si ese alguien llega a ser totalmente tuyo, el amor pronto morirá; pero si se presentan obstáculos, si no puedes tener a la persona que amas, el amor se hará más intenso. Mientras más obstáculos existan, más intensamente será experimentado el amor. Si el ser amado es inaccesible, el amor se vuelve eterno; pero si puedes alcanzar fácilmente a tu ser amado, el amor morirá con igual facilidad.

Cuando tratas de obtener algo sin lograrlo, el deseo de obtenerlo se vuelve más intenso. Mientras más dificultades se presenten, más sentirá tu ego que es necesario hacer algo. Se transforma en un problema del ego. A mayor dificultad, mayor es la tensión que experimentas, y más te apasionas. A esta tensión la llamas amor. Por eso el amor está viejo una vez que se acaba la luna de miel. Aun antes de eso. Lo que conociste con el nombre de amor no lo era. Era sólo una pasión del ego, una tensión del ego: una lucha, un conflicto.

Las antiguas sociedades humanas eran muy astutas. Crearon métodos para que el amor fuera duradero. La pasión y la tensión se presentarán si a un hombre se le dificulta el ver a su esposa por largo tiempo. Con este sistema, un hombre puede permanecer toda su vida al lado de una esposa.

Sin embargo, en el Occidente actual, el matrimonio ya no puede existir. No se trata de que la mente occidental sea más sexualizada. Lo que ocurre es que ahora no se permite que el apasionamiento se acumule. El sexo se puede obtener con tanta facilidad que el matrimonio no puede existir. Tampoco el amor puede existir con una libertad de este tipo. Si una sociedad es totalmente libre respecto al sexo, sólo el sexo podrá existir. El aburrimiento es la otra cara del apasionamiento. Si amas a alguien y no puedes conseguirlo, el apasionamiento se profundiza; pero si lo consigues para ti, comienzas a aburrirte, a hastiarte. Existen muchas dualidades: apasionamiento/aburrimiento, amor/odio, atracción/repulsión. Con el apasionamiento sientes atracción, amor; con el aburrimiento sientes repulsión, odio.

Ningún tipo de atracción puede ser amor real, pues la repulsión aparecerá necesariamente. Está en la naturaleza misma de las cosas el que aparezca el otro lado de la polaridad. Si no deseas que aparezca el contrario, deberás crear barreras para que el apasionamiento nunca termine; debes producir tensiones diariamente. Entonces la pasión se prolonga. Esta finalidad tenía el antiguo sistema de crear obstáculos para alcanzar el amor.

Pero pronto esto ya no será posible. Entonces morirá el matrimonio y también el amor. Desaparecerá en el trasfondo. Sólo permanecerá el sexo. Pero el sexo no puede permanecer por sí sólo; se vuelve demasiado mecánico. Nietzsche declaró que Dios estaba muerto. Lo que realmente va a morir en este siglo es el sexo. No quiero decir que la gente vaya a dejarlo. La gente seguirá siendo sexual, pero desaparecerá el énfasis excesivo que se le ha dado al sexo. El sexo se transformará en un acto tan corriente como cualquier otro: orinar, comer o algo por el estilo. No será significativo. Son las barreras que lo rodean las que lo han vuelto significativo.

Lo que han llamado amor no es amor. Es sólo sexo aplazado. Entonces, ¿qué es el amor? El amor no guarda ninguna relación con el sexo. El sexo puede acompañar al amor o puede no hacerlo; pero en realidad no guardan ninguna relación entre sí. Son cosas totalmente diferentes.

En mi opinión, el amor es un producto lateral de una mente meditativa. No guarda relación con el sexo; guarda relación con la meditación, *dhyana*. Cuanto más silencioso te vuelvas, más a gusto estarás contigo mismo, más pleno te sentirás y más aparecerá una nueva expresión de tu ser. Comenzarás a amar. A nadie en particular. Puede que ocurra con una persona determinada, pero ese es otro asunto. Comienzas a amar. Este amor se transforma en tu forma de vida. Nunca podrá transformarse en repulsión, pues no se trata de una atracción.

Deben comprender claramente la diferencia. En general, cuando te enamoras de alguien, la sensación de fondo consiste en determinar cómo obtener el amor de esta persona. No es que tu amor fluya hacia esa persona. Más bien, se trata de una expectativa de que el amor fluya desde ella hacia ti. Por eso el amor se vuelve posesivo. Posees a alguien, de modo de poder obtener algo de él. Sin embargo, el amor del que hablo ni es posesivo ni incluye expectativas. Es simplemente la forma como te comportas. Te has vuelto tan silencioso, amas en tal grado, que tu silencio va ahora hacia los demás.

Cuando sientes rabia, tu rabia va hacia los demás. Cuando odias, tu odio llega a los demás. Cuando amas, sientes que tu amor fluye hacia los demás, pero no eres confiable. En un momento habrá amor y al siguiente habrá odio. El odio no es lo contrario del amor, ambos forman parte de un continuo.

Si has amado a alguien, luego lo odiarás. Puede que no te atrevas a admitirlo, pero lo odiarás. Los amantes siempre están en conflicto cuando están juntos. Puede que el uno entone canciones de amor para el otro cuando se separan, pero cuando están juntos están siempre peleando. No pueden vivir solos y tampoco pueden vivir juntos. Cuando el otro no está, surge la pasión, reaparece el amor mutuo. Pero cuando el otro vuelve, la pasión se va y reaparece el odio.

El amor del que hablo implica que te has silenciado en tal grado que ahora no hay ira ni atracción ni repulsión. En realidad, ahora no hay ni amor ni odio. No estás en absoluto orientado hacia el otro. El otro ha desaparecido, te encuentras sólo contigo mismo. En este sentimiento de soledad, el amor viene a ti como una fragancia.

Es siempre feo pedirle al otro que te ame. Depender del otro, pedirle algo, siempre crea esclavitud, sufrimiento, conflicto. Una persona debiera ser autosuficiente. Lo que yo llamo meditación es un estado de existencia en el que una persona es autosuficiente. Tú sólo te transformas en un círculo. El mandala está completo.

Tratas de completar el mandala con otras personas: un hombre con una mujer, una mujer con un hombre. En ciertos momentos las líneas se encuentran; sin embargo, casi antes del encuentro se inicia la separación. El amor solamente florecerá en ti si te transformas en un círculo perfecto —entero, autosuficiente—. Entonces amarás a lo que sea que se te acerque. No es en lo absoluto un acto; no es algo que haces. Tu ser mismo, tu presencia misma, es amor. El amor fluye a través de ti.

Si a alguien que haya alcanzado este estado le preguntas: «¿Me amas?», le será difícil responderte. No puede decir: «Te amo», porque no es un acto de su parte; no es un hacer. Y tampoco puede decir: «No te amo», pues él ama. En realidad, él es amor.

Este amor sólo surge con la libertad de la que he estado hablando. El sentimiento que tú tienes es de libertad, y lo que los demás perciben en ti es el amor. Cuando la meditación ocurre en tu interior, te sientes totalmente libre. Esta libertad es un sentimiento interno, los demás no pueden captarlo.

Puede que tu conducta les produzca dificultades a los demás, porque no podrán entender lo que te ha pasado. En cierto modo, serás un problema para ellos, una molestia, pues no podrán predecir tus actos. Ahora no sabrán nada de ti. ¿Cuál será la próxima cosa que hagas? ¿Qué vas a decir? Nadie puede saberlo. Todos los que te rodeen se sentirán incómodos. Nunca podrán estar tranquilos contigo porque eres capaz de hacer cualquier cosa; no estás muerto.

No podrán percibir tu libertad porque no han conocido nada que se le parezca. Ni siquiera la han buscado; no la han deseado. Se encuentran tan esclavizados que ni siquiera pueden imaginarse lo que es la libertad. Han vivido en una jaula, no han conocido el cielo abierto; así que incluso si les hablas acerca de la inmensidad del cielo, no podrás comunicárselos. Pero podrán sentir tu amor, porque han buscado el amor. Aun en sus jaulas, en su esclavitud, han buscado el amor. Han creado esa esclavitud —esclavitud con personas, con cosas— sólo porque buscaban el amor.

Así, cuandoquiera que una persona se libera, los demás sienten su amor. Pero lo percibirán como compasión, no como amor, pues no implicará excitación. Será algo muy difuso —no tendrá calor, ni siquiera tibieza—. No será algo excitante. Está ahí, eso es todo. La excitación viene y va, no puede ser constante; por tanto, si el amor de Buda incluye excitación, Buda también tendrá que odiar. Por tanto, no habrá excitación. No habrá ni cimas ni valles. El amor sólo estará allí. Lo sentirás como *karuna*, compasión.

La libertad no puede ser captada desde el exterior; sólo el amor puede serlo. Y eso también sólo como compasión. Este ha sido uno de los fenómenos más conflictivos en la historia humana. La libertad de un ser iluminado crea incomodidad, y su amor es la compasión. Por eso la sociedad siempre se divide frente a estas personas.

Existen aquellos que sólo han sentido la incomodidad que un Cristo produce. Estas son las que se hallan bien establecidas. No necesitan compasión. Creen tener amor, salud, riqueza, respeto, todo. Cristo aparece y «los que tienen» estarán contra él, pues les producirá incomodidad, mientras que «los que no tienen» estarán con él, pues sentirán su compasión. Necesitan amor. Nadie los ha amado, pero este hombre los ama. No sentirán incomodidad en presencia de Cristo, pues no tienen nada que temer, nada que perder.

Cuando un Cristo muere, todo el mundo sentirá su compasión, pues ahora no está la incomodidad. Incluso los «bien establecidos» estarán tranquilos, lo adorarán. Pero, en vida, será un rebelde. Y es un rebelde porque es libre.

No es un rebelde debido a que la sociedad tenga algo malo. Este tipo de rebeldía es sólo de tipo político. Si la sociedad cambia, aquel que era rebelde será ahora ortodoxo. Esto ocurrió en 1917. Los grupos revolucionarios se transformaron en las pandillas más antirrevolucionarias del mundo. Apenas hombres como Stalin o Mao llegan al poder se transforman en los líderes más extremadamente antirrevolucionarios, pues no son verdaderos rebeldes. Sólo se están rebelando frente a una situación particular. Una vez que logran modificar esa situación se vuelven iguales a los que quisieron derrocar.

Pero un Cristo siempre es rebelde. Ninguna situación va a modificar su rebeldía, pues su rebeldía no se dirige en contra de nadie. Su rebeldía se origina en la libertad de su conciencia. Dondequiera que sienta un obstáculo, se sentirá rebelde. Su espíritu es la rebelión. Así que si Jesús viene en nuestros días, los cristianos no se sentirán a gusto con él. Ellos forman ahora parte de lo establecido; se encuentran satisfechos. Si Jesús va nuevamente al mercado, destruirá todo lo que tienen. El Vaticano y la Iglesia no son posibles con Jesús. Sólo pueden existir si Jesús no está.

Todo maestro que alcanza la iluminación es rebelde, pero la tradición que lo sigue nunca lo es. No guarda relación con su rebelión, con su libertad, sino sólo con su compasión, con su amor. Y entonces la tradición se vuelve impotente. El amor no puede existir sin libertad, sin rebelión.

No puedes amar tanto como un Buda a menos que seas tan libre como él. Un monje budista sólo trata de ser compasivo. La compasión es estéril, porque la libertad no está presente. La libertad es la fuente. Mahavira es compasivo, pero un monje jain no es compasivo en absoluto. Sólo actúa en forma no violenta y compasiva; no es realmente compasivo. Es astuto. Incluso en su compasión y en su exhibición de ella es astuto. No hay compasión, pues la libertad está ausente.

Cuandoquiera que aparece la libertad en la conciencia humana, la libertad es la sensación interna y el amor es lo que se percibe desde afuera. En este amor, en esta compasión, el amor y el odio están ausentes. La dualidad desaparece, no hay ni atracción ni repulsión.

De manera que depende de ti si puedes o no tomar el amor de una persona que ama y es libre. No depende de mí cuánto amor pueda darles; todo depende de cuánto amor puedan recibir. En general, el amor depende de la persona que lo da. Puede dar amor o puede no darlo. Pero el amor del que hablo no depende del que lo da. Se encuentra totalmente abierto, pródigo en todo momento. Aun cuando nadie se encuentre presente, el amor fluye.

Es igual que una flor en el desierto. Puede que nadie sepa que ha florecido y que despide su perfume, pero la fragancia está de todas maneras. El perfume no emana para alguien en especial, sólo emana. La flor se ha abierto y la fragancia aparece. El que alguien pase o no por los alrededores no tiene importancia. Si alguien pasa y es sensible al perfume, podrá recibirlo. Pero si está totalmente muerto, insensible, puede que ni siquiera se dé cuenta de que hay una flor en los alrededores.

Cuando el amor aparece, depende de ti que lo recibas o no. Sólo cuando el amor no está puede el otro dártelo o rehusártelo. Con el amor, con la compasión, no existe separación entre lo que es divino y lo que no lo es. El amor es divino. Dios es amor.

Capítulo 12

Equilibrando lo racional y lo irracional

¿Contra qué piensas que se rebela la juventud occidental? ¿Por qué tantos jóvenes occidentales se interesan ahora por la religión y filosofía orientales?

La mente es algo muy contradictorio. Funciona en polaridades opuestas. Pero nuestra forma lógica de razonar siempre elige una parte y niega la otra. Así pues, la lógica opera en una forma no-contradictoria, y la mente trabaja con base en contradicciones. La mente funciona con opuestos y la lógica trabaja en forma lineal.

Por ejemplo, la mente tiene dos posibilidades: experimentar ira o experimentar quietud. Si puedes sentir ira, no quiere decir que en el otro extremo no puedas sentir serenidad. Si puedes incomodarte, esto no significa que no puedas también estar en silencio. La mente trabaja en ambos lados. Si puedes sentir amor, también puedes llenarte de odio. Lo uno no niega lo otro.

Sin embargo, si sientes amor, creerás que eres incapaz de sentir odio. El odio se acumula en tu interior y, cuando llegas al cenit de tu amor, todo se desmorona. Te sumerges en el odio. Y no es solamente la mente racional la que funciona de esta forma; la sociedad también.

El Occidente ha llegado a la cima del pensamiento racional. Ahora tomará su revancha la parte irracional de la mente. A la irracionalidad se le ha negado la posibilidad de expresión, y en los últimos cincuenta años ha tomado venganza de muchas maneras: a través del arte, la poesía, el drama, la literatura, la filosofía. Y ahora, incluso a través de la vida misma. Así que la rebelión de los jóvenes es, en realidad, una revolución de la parte irracional de la mente contra la excesiva racionalidad.

El Oriente puede ayudar a los occidentales, porque ha vivido con la otra parte de la mente: lo irracional. También han llegado a la cima: la cima de la irracionalidad. Ahora la juventud oriental se interesa más por el comunismo que por la religión, se interesa más por el pensamiento racional que por la vida irracional. Tal como yo lo veo, el péndulo completará una oscilación. El Oriente se volverá como el Occidente, y el Occidente se volverá igual que el Oriente.

Cuandoquiera que una parte de la mente alcanza la cima, te movilizas hacia el opuesto. Eso es lo que siempre ocurre en la historia. Así que ahora, en Occidente, la meditación adquirirá más significado. La poesía acrecentará su influencia y la ciencia será menos importante. La juventud occidental será antitecnológica, anticientífica. Este es un proceso natural, el equilibrio automático del extremo.

No hemos logrado aún desarrollar una personalidad que combine las dos polaridades, que no sea ni oriental ni occidental. Siempre hemos elegido sólo una parte de la mente, y la parte contraria permanece hambrienta, abandonada. Siendo así, aparecerá necesariamente la rebelión. Todo aquello que hemos estado desarrollando se vendrá abajo, y la mente se movilizará hacia la otra polaridad. Esto es lo que ha ocurrido a través de la historia; esta ha sido la dialéctica.

Para Occidente, la meditación será ahora más significativa que el pensamiento, porque meditación significa no pensar. El zen será más atractivo, el budismo será más atractivo, el yoga será más atractivo. Todas estas son actitudes irracionales hacia la vida. No se centran en las conceptualizaciones, las teorías, las teologías. Ponen de relieve el atractivo de profundizar en la existencia, no en el pensamiento. Así como yo lo veo, mientras más asidero tenga la tecnología en la mente, más posibilidades habrá de que el otro polo sobrevenga.

La revolución de la juventud occidental es muy significativa. Es un momento histórico de cambio, un cambio total de conciencia. Occidente no podrá seguir por el mismo camino. Ha llegado al punto de una aguda crisis. Ahora deberá cambiar de dirección.

La opulencia ha llegado a la sociedad occidental entera. En el pasado ha habido personas opulentas, pero nunca sociedades completas. Cuando una sociedad alcanza la opulencia, las riquezas pierden su significado. Sólo tienen atractivo en una sociedad pobre. Sin embargo, incluso dentro de una sociedad pobre, un individuo que alcanza la opulencia se aburre. Mientras más sensible sea una persona, más rápidamente se aburre. Un Buda se aburre totalmente. Abandona todo.

La actitud de la juventud moderna es el aburrimiento frente a una opulencia vacía. Los jóvenes están abandonando la sociedad, y seguirán abandonándola a menos que la sociedad entera empobrezca. Entonces no podrán irse. Este abandono, esta renuncia, sólo puede existir en una sociedad opulenta. Si esto llega a un extremo, la sociedad decae. La tecnología deja entonces de progresar; y si esto sigue, el Occidente se transformará en lo que ahora es el Oriente.

En Oriente se está produciendo un giro hacia el otro extremo. Crearán una sociedad idéntica a la occidental. Oriente gira hacia Occidente y Occidente gira hacia el Oriente, pero la enfermedad sigue siendo la misma. Tal como yo lo veo, la enfermedad es el desequilibrio, la aceptación de una cosa y la negación de la otra.

Nunca hemos permitido que la mente humana florezca totalmente. Siempre hemos elegido una parte en contra de la otra, al precio de la otra. Ésta ha sido la desgracia. Así que no estoy ni por el estilo oriental ni por el occidental. Estoy en contra de ambos, porque representan actitudes parciales. No deberíamos elegir ni el Oriente ni el Occidente, ambos han casado. El Oriente ha fracasado al elegir a la religión y Occidente fracasa al elegir la ciencia. A menos que se elijan las dos, no habrá salida a este círculo vicioso.

Podemos ir de un extremo al otro. Si hablas de budismo en Japón, no encontrarás un sólo joven dispuesto a escucharte. Se interesan por la tecnología, y tú te interesas por el budismo zen. En India, la nueva generación no se interesa en la religión en lo más mínimo. Les interesa la economía, la política, la tecnología, la ingeniería, la ciencia; todo excepto la religión. La juventud occidental se siente atraída por la religión y a la juventud oriental le atrae la ciencia. Esto es sólo cambiar la carga de un extremo al otro. La misma falacia seguirá existiendo.

Me interesa la mente completa, la mente que no es ni oriental ni occidental, que es solamente humana: una mente global. Es fácil vivir con una parte de la mente; sin embargo, si deseas vivir con ambas partes, tendrás que llevar una vida muy inconsistente. Inconsistente a nivel superficial, por supuesto. A un nivel más profundo tendrás consistencia, armonía espiritual.

El ser humano permanece pobre espiritualmente a menos que integre también la polaridad opuesta. Entonces se enriquece. Si siendo un artista no tienes también una mente científica, el arte que produzcas será necesariamente pobre. La riqueza sólo surge de la unión de los opuestos. Si solamente hay varones en el cuarto, algo faltará.

Apenas hacen su aparición las mujeres, el cuarto enriquece espiritualmente. Ahora los dos polos opuestos están presentes. La totalidad se engrandece.

La mente no debe permanecer estática. Un matemático será más rico si puede hacer una incursión en el mundo del arte. Si su mente tiene la libertad de apartarse de sus características principales y luego regresar nuevamente a ellas, será un matemático enriquecido. Con el opuesto, se produce un cruce entre características disímiles. Comienzas a mirar las cosas de diferente forma. Tu perspectiva total se enriquece.

Una persona debiera tener una mente religiosa a la par con entrenamiento científico, una mente científica junto con disciplina religiosa. No veo ninguna imposibilidad inherente en ello. Al contrario, pienso que la mente se revitalizará si podemos trasladarnos de un extremo al otro. En mi opinión, la meditación implica la habilidad de movilizarse profundamente en todas direcciones, ser libre de toda fijación. Por ejemplo, si soy demasiado lógico, me será imposible comprender la poesía. La lógica se transforma en una fijación. Y cuando escuche poesía, mi fijación estará presente. La poesía parecerá absurda. No porque lo sea, sino porque tengo una fijación con la lógica. Desde el punto de vista de la lógica, la poesía es absurda. Por otra parte, si desarrollo una fijación con la poesía, comenzaré a considerar que la lógica es sólo una cosa utilitaria, sin profundidad alguna. Me cierro a ella.

Esta negación de una parte en beneficio de la otra ha ocurrido a través de toda la historia. En toda época, en toda nación, en todas partes del mundo, toda cultura siempre ha elegido una parte y creado una personalidad en torno a ella. Esta personalidad ha sido pobre, le han faltado muchas cosas. Ni Oriente ni Occidente han sido ricos espiritualmente. No pueden serlo. La riqueza surge a través de los opuestos, a través de la dialéctica interna. Opino que no vale la pena elegir ni al Oriente ni al Occidente. Debe elegirse una cualidad diferente de la mente. Con esa cualidad, me refiero a estar relajado consigo mismo, a deshacernos de la necesidad de elegir.

Un árbol crece. Podemos cortarle todas las ramas excepto una y permitir que el árbol crezca sólo en una dirección. Será un árbol muy pobre, muy feo; a la larga, tendrá grandes dificultades, pues una rama solitaria no puede crecer por sí sola; sólo puede hacerlo en medio de una familia de ramas. Llegará necesariamente el momento en que la rama sienta que ha llegado a un tope más allá del cual no puede seguir creciendo. Para que un árbol se desarrolle realmente, debe permitírsele crecer en todas direcciones. Sólo entonces será rico y fuerte.

El espíritu humano debe crecer como un árbol: en todas direcciones. Debemos abandonar la idea de que no podemos crecer en direcciones contrarias. En realidad, sólo podemos crecer si lo hacemos en direcciones opuestas. Hasta ahora hemos afirmado que debemos especializarnos, que debemos crecer sólo en una dirección determinada. Ocurre entonces algo desagradable. Uno crece en una dirección determinada, luego le falta todo. Te transformas en una rama, no en un árbol. E incluso esta rama será necesariamente pobre.

No sólo hemos estado cortando las ramas de la mente, sino también sus raíces. Permitimos que sólo crezcan una raíz y una rama, de modo que a través del mundo se ha desarrollado un ser humano muy hambriento: en Oriente, en Occidente, en todas partes. Y luego Oriente se siente atraído por Occidente y Occidente por Oriente, pues nos sentimos atraídos por lo que nos falta.

Debido a las necesidades del cuerpo, el Oriente ha comenzado a sentirse atraído por Occidente; y debido a las necesidades del espíritu, Occidente se ha sentido atraído por el Oriente. Pero incluso si intercambiamos posiciones, intercambiamos actitudes, la enfermedad seguirá siendo la misma. No se trata de intercambiar posiciones, se trata de cambiar enteramente la perspectiva.

Nunca hemos aceptado al ser humano completo. En alguna parte, el sexo no es aceptado. Lo mundano es rechazado en otra. En alguna otra parte, la emoción no es aceptada. Nunca hemos sido lo suficientemente fuertes como para aceptar todo lo que es humano, sin condenación, y permitir que los seres humanos crezcan en todas direcciones. Cuanto mayor sea la variedad de direcciones en que crezcas, mayor será el desarrollo, la riqueza, la abundancia interna. Nuestra perspectiva cambiará enteramente. Debemos movernos del pasado hacia el futuro, no de Oriente a Occidente, no de un presente a otro presente.

El problema es difícil, pues nuestra fragmentación ha entrado muy profundo en nosotros. No puedo aceptar mi ira, no puedo aceptar mi sexo, no puedo aceptar mi cuerpo, no puedo aceptar mi totalidad. Algo debe ser negado y reprimido. «Esto» es malo, «eso» es malvado, «esto» es pecado. Y sigo cortando ramas. Pronto dejo totalmente de ser un árbol, dejo de ser un ser vivo. Y siempre está presente el temor de que las ramas que he reprimido puedan brotar y crecer nuevamente. Comienzo a tener miedo de todo. La enfermedad se establece: tristeza, muerte.

Llevamos una existencia que se acerca más a la muerte que a la vida. Debemos aceptar la potencialidad total del ser humano, debemos llevar a un clímax todo lo que está en nuestro interior, sin sentir inconsistencia alguna, sin sentir contradicción. Si no puedes sentir auténtica ira, no podrás amar. Sin embargo, hasta ahora la idea ha sido otra. Hemos pensado que una persona ama más si es incapaz de experimentar ira.

Pero supongamos que el árbol crece junto a un muro. Sus ramas no pueden crecer debido a la presencia del muro. El muro puede ser la sociedad, las condiciones existentes. ¿Cómo puede crecer el árbol cuando tiene un muro a su lado?

Existen muchos muros. Pero esos muros han sido creados por los árboles, por nadie más. Los árboles han mantenido las murallas. Es con su cooperación que ellas existen. Apenas los árboles dejen de estar dispuestos a mantener a las murallas, éstas se vendrán abajo.

Los muros que existen a nuestro alrededor son nuestra creación. Es debido a nuestras actitudes mentales que hemos creado estas murallas. Por ejemplo, le enseñas a tu hijo a no estar enojado, diciéndole que si se enoja no será capaz de sentir amor. De ese modo, crearás muros a su alrededor que le dirán que debe reprimir su ira; sin embargo, no te das cuenta de que cuando él reprima su ira, su capacidad de amar será destruida simultáneamente. La ira y el amor no son incompatibles. Son dos ramas de la misma cosa. Si cortas una de ellas, la otra se empobrecerá, pues la misma savia fluye en todas las ramas.

Si realmente deseas entrenar a tu hijo para llevar una vida mejor, le enseñarás a enojarse en forma auténtica. No le dirás: «No te enojes». Le dirás: «Cuando te sientas enojado, enójate de verdad. No te sientas culpable por estar enojado». Entonces, en lugar de decirle que no se enoje, enséñale a enojarse limpiamente. Cuando se presente el momento oportuno, debiera estar realmente enojado, y no debiera enojarse en un momento inadecuado. Lo mismo se aplica al amor. Cuando se presente el momento correcto, debiera amar abierta y auténticamente; y si no es el momento adecuado para él, no debiera amar.

No se trata de elegir entre la ira y el amor. Se trata de elegir entre lo correcto y lo incorrecto, lo auténtico y lo inauténtico. La ira debe ser expresada. Un niño, cuando está realmente enojado, es hermoso: un estallido repentino de energía y vida. Si matas la ira, estarás matando la vida. El niño se volverá impotente. En toda su existencia no será capaz de estar vivo; será un cadáver.

Creamos una y otra vez conceptos que elevan murallas. Desarrollamos actitudes e ideologías que construyen murallas. Nadie nos las impone; las creamos nosotros. En el momento en que despertamos, las murallas desaparecen. Nosotros las construimos.

¿Y suponiendo que el árbol (la persona) padezca algún impedimento básico? En ese caso no podría cambiar. No porque no lo desee, sino porque no puede.

Los impedidos no representan un problema. Cuando toda la sociedad está viva, podemos cuidar de ellos. Podemos analizar su situación, ayudarlos. Debe ayudárseles: no pueden hacer nada por sí solos. Pero la sociedad juega un papel, incluso en su desvalimiento o déficit.

Por ejemplo, el hijo de una prostituta presenta una desventaja en relación con los demás, debido a nuestros conceptos morales. Se siente profundamente culpable por algo en lo que no le cabe ninguna responsabilidad. ¿Qué responsabilidad puede tener en el hecho de que su madre haya sido prostituta? ¿Qué podría hacer? Pero la sociedad mantiene una actitud diferente hacia este niño. Hasta el momento en que modifiquemos nuestra actitud respecto del sexo, él seguirá sintiendo culpa por ser el hijo de una prostituta.

Dado que hemos transformado el matrimonio en algo sagrado, la prostitución se transforma necesariamente en un pecado. Sin embargo, la prostitución existe debido al matrimonio. Forma parte del sistema creado por el matrimonio.

Dada la naturaleza de la mente humana, una relación permanente no es natural. Sólo si la legalizamos seguiremos viviendo indefinidamente con la misma persona. La ley no debería influir. No se me debe forzar a seguir amando mañana a la persona que amo hoy. Éste no es un requerimiento de la naturaleza. No existe necesidad intrínseca de que el amor esté presente mañana. Puede que sí, puede que no. Y cuanto más intentes forzarlo a estar allí mañana, más difícil será que eso ocurra. Y entonces la prostitución entra por la puerta trasera. A menos que tengamos una sociedad que permita las relaciones libres, no podremos terminar con la prostitución.

Si una relación perdura, te sientes satisfecho, tu ego se siente contento. Para satisfacer a tu ego —sintiendo que eres un esposo fiel o una buena esposa— deberás condenar a la prostituta. Y entonces también deberá condenarse al hijo de la prostituta, y esta condición se transforma en una enfermedad. Se le adscribe una enfermedad.

Sin embargo, éstos son casos excepcionales. Si alguien se encuentra médica o psicológicamente enfermo, tenemos que ayudarlo, administrarle un tratamiento. Pero la sociedad entera no se encuentra en esta condición. El noventa y nueve por ciento es nuestra creación, nuestra responsabilidad; un uno por ciento es la excepción. El uno por ciento no constituye en absoluto el problema. Si el restante noventa y nueve por ciento de la sociedad cambia, incluso ese uno por ciento se verá afectado por ello.

No podemos aún determinar hasta qué punto tu fisiología se halla determinada por tu mente. Cuanto más sabemos, mayor es nuestra incertidumbre. Muchas de las enfermedades de tu cuerpo pueden deberse sólo a tu mente. A menos que nuestra mente esté libre, no podemos saber con seguridad si la enfermedad se origina en el cuerpo.

Son tantas las enfermedades que se circunscriben solamente al hombre. No aparecen en los animales. Los animales son más sanos. Menos enfermos, menos feos. No hay motivo para que el hombre no pueda ser más vital, más hermoso, más sano. El entrenamiento que hemos experimentado durante diez mil años, este prolongado entrenamiento de la mente, puede ser la causa de ello. Pero si tú mismo formas parte del mismo patrón, no logras concebir esta idea.

Muchas enfermedades físicas se deben a una mente lisiada. ¡Y estamos lisiando la mente de todo el mundo! Los primeros siete años de la vida de un niño son los más importantes. Si le causas daño a la mente, será difícil remediarlo. Pero seguimos produciendo daño, sin remordimiento alguno. Mientras más profundamente penetra la psicología en las raíces de la mente, más aparecen los padres como unos criminales, pero inconscientes; más parecen los profesores y el sistema educacional unos criminales, pero inconscientes. También sufrieron debido a la generación anterior. Tan sólo están pasando el relevo de la enfermedad.

Sin embargo, ahora se ha abierto una nueva posibilidad. Por primera vez, especialmente en Occidente, el hombre se ha liberado de sus necesidades primarias. Ahora podemos experimentar con nuevas posibilidades para la mente. Era imposible hacer esto en el pasado, pues las necesidades del cuerpo eran una carga tan pesada, tan insatisfecha. Pero ahora esa posibilidad ha aparecido. Vivimos en el umbral de una profunda revolución, una revolución de magnitud tal como nunca ha conocido la historia humana. Ahora es posible una revolución de conciencia. Con mayor destreza para conocer y comprender, podemos cambiar. Se necesitará mucho tiempo, pero la posibilidad se encuentra abierta para nosotros. Si nos atrevemos, si tenemos valor, podemos transformarla en una realidad.

La humanidad entera se encuentra en peligro. O bien volvemos al pasado o avanzamos hacia un nuevo futuro. No se trata de una tercera guerra mundial, no se trata de comunismo o capitalismo. Estos problemas ya están añejos. Se acerca una nueva crisis. Tendremos que decidirnos por buscar una nueva conciencia —y por tanto, decidirnos a trabajar por ello— o bien volver atrás, regresar a los viejos moldes.

Volver atrás también es posible. Cada vez que aparece una crisis, la primera reacción de la mente es la regresión. Cada vez que te enfrentas a algo a lo cual no puedes enfrentarte, vuelves atrás. Por ejemplo, si esta casa se incendia, comenzarán a portarse como niños. En caso de incendio, se necesita mayor madurez, mayor comprensión, necesitas comportarte de una forma más consciente y alerta; en lugar de eso, regresas a los cinco años y comienzas a correr de un lado a otro de tal forma que produces una situación de mayor peligro para ti.

Lo malo es que si intentamos crear un nuevo ser humano, nos veremos enfrentados a una situación totalmente nueva para nosotros, y es posible que reaccionemos con una regresión. Incluso existen profetas que predican en pro de la regresión. Desean que vuelva el pasado: «En el pasado hubo una era dorada. ¡Vuelvan a ella!». Pero para mí eso es suicida. Debemos avanzar hacia el futuro, por muy azaroso y difícil que se nos presente.

La vida debe avanzar hacia el futuro. Debemos hallar un nuevo estilo de existencia. Confío en que es posible que esto ocurra. Y Occidente debe ser la base para que esto ocurra, pues el Oriente no es más que el Occidente de hace trescientos años. El Oriente sufre serios problemas de sustento y supervivencia, pero el Occidente se halla libre de todo esto.

Cuando vienen a mí personas jóvenes del Occidente, estoy siempre consciente de que pueden progresar o regresar. Y en cierto modo han estado regresando, actuando como niños, como seres primitivos. Eso no es bueno. Su rebelión es buena, pero deben actuar como un nuevo tipo de hombre, no como salvajes. Deben crear en su interior las posibilidades para una nueva conciencia.

En lugar de eso, han estado drogándose. La mente primitiva siempre se ha fascinado con las drogas, ha sido hipnotizada por ellas. Si aquellos que se alejan de la sociedad occidental comienzan a actuar como seres primitivos, no estaremos presenciando una rebelión, sino una reacción y una regresión. Deben actuar como una nueva humanidad. Deben avanzar hacia una nueva conciencia: total, global y aceptadora de todas las potencialidades contradictorias que hay en un ser humano.

La diferencia que existe entre los animales y el hombre es que los primeros tienen potencialidades definidas, mientras que el hombre tiene posibilidades infinitas. Pero sólo se trata de posibilidades. El hombre puede desarrollarse, pero este desarrollo debe ser apoyado. Debemos abrir centros a través del mundo en donde esto pueda ocurrir.

La mente debe ser entrenada en forma lógica y racional, pero también debe serlo simultáneamente en la meditación irracional, no-racional. La razón debe ser ejercitada y al mismo tiempo las emociones. La razón no debe ser entrenada a costa de las emociones. La duda debe estar presente, pero también la fe.

Es fácil tener fe sin dudar en ningún momento; y también es fácil dudar sin asomo de fe. Pero estas fórmulas son elementales, simples para estos tiempos. Ahora debemos crear una sana duda, una duda persistente, una mente escéptica que exista a la par con la mente crédula. Y el ser interno debe poder moverse de una a otra; de la duda a la fe, y viceversa. Con la investigación objetiva, uno debe ser receloso, escéptico, cauto. Pero existe otra dimensión, paralela a esta, en que la clave está dada por la fe, no por la duda. Las dos son necesarias.

El problema consiste en cómo crear simultáneamente las polaridades opuestas. Es esto lo que me interesa. Seguiré estimulando la duda y seguiré estimulando la fe. Yo no veo contradicción intrínseca en ello, porque para mí es el movimiento lo importante, el movimiento de un polo a otro.

Cuanto más adheridos estamos a uno de los polos, más difíciles se ponen las cosas. Por ejemplo, en Occidente han cultivado la actividad. Sin embargo, no pueden dormir bien. Cuando te vas a dormir, la mente no logra cambiar de la actividad a la inactividad. Das vueltas una y otra vez en la cama, la mente sigue activa. Debes tomar un tranquilizante para dormir. Sin embargo, un sueño forzado no puede proporcionarte mucho descanso, es sólo superficial. En lo profundo, la agitación continúa. El sueño se transforma en pesadilla.

En Oriente ha ocurrido lo contrario. El Oriente puede dormir bien, pero no puede activarse. Incluso por la mañana la mente oriental se encuentra soñolienta, letárgica. Durante siglos han dormido bien sin hacer nada más, mientras que ustedes han hecho mucho, pero al precio de crear inquietud, una verdadera enfermedad. Y, debido a esta inquietud, todo lo que han hecho resulta inútil. ¡Ni siquiera pueden dormir!

Por eso yo me empeño en entrenar la mente para la actividad, para la inactividad y, lo más importante, para el movimiento, de modo que puedas cambiar de una a otra. Es posible entrenar a la mente para movilizarse entre estos dos polos. En un instante puedo pasar de cualquier actividad a la inactividad. Puedo hablar contigo durante horas y en un instante puedo entrar en un profundo silencio interno en el que no se hable. Y a menos que esta posibilidad se produzca en ti, tu crecimiento se verá dificultado.

El futuro deberá permitir que exista una profunda armonía entre las polaridades internas. A menos que se produzca este movimiento entre los opuestos, la búsqueda humana habrá finalizado. No podrás avanzar. El Oriente se halla agotado y el Occidente se halla exhausto. Puedes intercambiar la perspectiva de los dos, pero el problema surgiría nuevamente en dos siglos más. Si intercambias las actitudes, comienzas a moverte en círculos.

Si debemos aceptarlo todo, ¿cómo podemos saber cuáles son los objetivos correctos a los que se debe aspirar en la vida?

La búsqueda de objetivos forma parte del proceso racional. El futuro existe debido a la razón. Por eso para los animales no existe el futuro ni objetivo alguno. Viven, pero no tienen objetivo. La razón crea ideales, crea objetivos, crea el futuro. El verdadero problema no consiste en determinar cuál es el objetivo correcto. El problema consiste en decidir si tenemos objetivos o si no los tenemos.

La nueva generación se pregunta si tener o no tener objetivos. Apenas determinas un objetivo, comienzas a apartarte de la vida. Comienzas a amoldar la vida de acuerdo a tus objetivos. El presente pierde importancia. Debe ser moldeado, adaptado al futuro. Una mente orientada a objetivos es racional, y una mente orientada a la vida es irracional. Así que no se trata de cómo determinar el objetivo correcto. Más bien se trata de cómo hacer para que la razón no sea el único fenómeno que la mente produzca.

La razón debe tener objetivos, no puede existir sin ellos. Pero esto no debe transformarse en una dictadura; no debe ser la única rama que crezca. La razón debe existir, es una necesidad; pero en la mente humana existe una zona vacía que no puede tener objetivos, que puede existir tal como los animales, tal como los niños. Sólo puede existir aquí y ahora. Esta parte vacía, esta parte irracional, vivencia los dominios más profundos de la vida, del amor, del arte. No necesita proyectarse al futuro, de modo que puede entrar profundamente en el aquí y ahora. La razón debe ser desarrollada, pero, paralelamente, también esta parte debe serlo.

Ha habido científicos de personalidad muy profundamente religiosa. Esto puede ocurrir de dos formas. O bien puede deberse a una profunda armonía, o puede ocurrir por medio del cierre de una puerta y la apertura de otra, sin armonía alguna. Puedo ser un científico, para luego abandonar mi mundo científico y acudir a la iglesia a orar. No será el científico quien rece. No se trata realmente de una armonía; es una profunda bifurcación. No hay diálogo interno entre el científico y el venerador. El científico no se ha asomado siquiera a la iglesia.

Cuando este hombre regresa a su laboratorio, el venerador no estará allí. Existe una separación profunda entre los dos, no se superponen. En una persona así encontrarán una dicotomía, y no la armonía. Dirá cosas de las que después se arrepentirá. Como científico, postulará cosas que irán en contra de su mente de venerador.

De este modo, muchos científicos han llevado una vida esquizofrénica. Parte de ellos es una cosa y otra parte es otra cosa. No es a esto a lo que me refiero cuando hablo de armonía. Con «armonía», me refiero a que te es posible pasar de un ámbito a otro sin cerrarte jamás a ninguno. De esta forma, el científico va a orar y el creyente va al laboratorio. No hay escisión, no hay brecha.

De lo contrario, te transformarás en dos personas. Habitualmente somos muchas personas, tenemos personalidades múltiples. Nos identificamos con una de ellas; luego, modificamos los engranajes y nos transformamos en otra persona. El cambio de engranaje no es la armonía. Produce una tensión muy profunda en tu ser. No puedes estar a tus anchas con tantas identidades. Una conciencia entera, completa, capaz de movilizarse al polo opuesto, sólo es posible cuando concebimos un ser humano intrínsecamente unificado: cuando no hay negación de los opuestos.

La duda forma parte del trabajo de un científico. La fe también es parte de él. Son dos aspectos que se centran en dimensiones diferentes de la misma cosa. Así pues, un científico puede orar en su laboratorio; no hay nada malo en ello. La duda forma parte de su trabajo, es un instrumento de su trabajo; y lo mismo ocurre con la fe. No hay una dicotomía intrínseca. Cuando podemos movilizarnos suave y fácilmente de un polo al otro, ni siquiera sentimos este movimiento. Te mueves, pero no sientes el movimiento. Sólo lo sientes cuando se te presenta algún obstáculo. No sentirás movimiento alguno cuando exista una profunda armonía.

Una cosa más: cuando digo «Oriente» y «Occidente», no quiero decir que en Occidente no haya habido mentes orientales o que en el Oriente no haya habido mentes occidentales. Me refiero a la tendencia principal, a lo que predomina. Debiéramos escribir alguna vez una historia del mundo en la que el planeta no se halle dividido con un criterio geográfico, sino psicológico. En ella, el Oriente tendrá muchos rostros del Occidente, y el Occidente tendrá muchos rostros del Oriente.

Así que no quiero decir que no existan las dos corrientes en Occidente. Lo que quiero decir es que la tendencia principal en Occidente ha sido el crecimiento racional, aun en la religión. Por eso la Iglesia se volvió tan influyente.

Jesús era un hombre irracional, pero san Pablo poseía una mente muy científica, muy racional. El cristianismo le pertenece a san Pablo, no a Jesús. Con un hombre tan anárquico no existe posibilidad alguna de crear una organización tan amplia. Es imposible. Jesús era oriental, pero no así san Pablo.

Ha habido conflicto entre la ciencia y la Iglesia. Ambas son racionales. Ambas intentaron racionalizar los fenómenos religiosos. La Iglesia iba necesariamente a perder la batalla, pues los fenómenos religiosos son, en sí, irracionales. La razón falla en lo que atañe a la religión. Es por eso que la Iglesia debía ser derrotada y la ciencia debía salir victoriosa.

En Oriente no ha habido lucha entre ciencia y religión, porque la religión nunca ha reclamado nada que perteneciera al ámbito racional. Las dos no pertenecen a la misma categoría, de modo que no hay lucha entre ellas.

¿En qué forma se vuelve racional la religión?

Esto no ocurre debido a la religión misma. Pero este fenómeno ocurre dondequiera que la religión deba ser sistematizada. Un Buda o un Jesús no corren detrás de ningún ideal. Llevan vidas espontáneas, crecen a su modo. Crecen como árboles silvestres; sin embargo, los árboles silvestres se transforman después en ideales para sus seguidores. Los seguidores comienzan a tener estructuras, preferencias, verdades, condenaciones.

La religión tiene dos partes, dos etapas. Una, una personalidad profundamente religiosa que es espontánea, y dos, los seguidores que crean la doctrina, el dogma, la disciplina que esté de acuerdo con el ideal. Y aparece entonces un ideal para los budistas —«Debemos ser como Buda»— y surgen represiones. Debes destruirte a ti mismo de muchas formas, porque sólo de ese modo puedes transformarte en el ideal. Debes transformarte en una imitación.

Esto es criminal, en mi opinión. Una personalidad religiosa es hermosa, pero un credo religioso es sólo una cosa racional. Es sólo el encuentro de la razón con un fenómeno no-racional.

¿Buda no tenía acaso una mente racional?

Era muy racional, pero tenía brechas muy irracionales. También se hallaba a gusto con lo irracional. El concepto que tenemos de Buda no corresponde en realidad al Buda, sino a las tradiciones que lo siguieron. Buda era totalmente diferente.

Pero puesto que no podemos hacerlo de otra forma, debemos pasar por los budistas para llegar a Buda. Han creado una larga tradición de dos mil años y han presentado a un Buda muy racional. No lo era. No puedes serlo si entras profundamente en la existencia. Debes ser irracional en muchas ocasiones. ¡Y un Buda lo es! Pero para saber esto, debemos apartar toda la tradición y encontramos con Buda directamente. Es algo muy difícil, pero es posible hacerlo.

Si le estoy hablando a una persona racional, ésta descartará, de forma inconsciente, todo aquello que no sea racional. Pero si le hablo a un poeta, la misma frase y las mismas palabras van a significar algo diferente. Un hombre racional no puede ver la poesía de las palabras. Sólo podrá considerar la lógica, el argumento. Un poeta considera las palabras en forma diferente. Las palabras tienen un tinte, una poesía que no guarda ninguna relación con el argumento.

Así, el rostro de Buda difiere según la persona que lo esté viendo. Buda existió en la India en un momento en que todo el país experimentaba una crisis de todo lo irracional: los Vedas, los Upanishads, el misticismo entero. El movimiento en contra de esto era muy poderoso, especialmente en Bihar, donde estaba Buda.

Buda era carismático, hipnótico. La gente se impresionaba con él. Pero la interpretación que de él hicieron fue, necesariamente, racional. Si Buda hubiese vivido en otro momento de la historia, en alguna parte del inundo en que no se estuviera en contra del misticismo, habría sido considerado como un gran místico, no como un intelectual. El rostro que conocemos pertenece a la historia de una época determinada. Tal como yo lo veo, Buda no era principalmente racional. El concepto entero del nirvana es místico. Era aún más místico que los Upanishads, pues los Upanishads, a pesar de lo místicos que parecen, poseen su propia racionalidad. Hablan de la transmigración del alma. Buda habló de la transmigración sin un alma. La idea es más mística. Los Upanishads hablan de la liberación, pero tú estarás allí. De otro modo, todo resulta absurdo. Si «yo» no puedo estar presente en ese momento supremo de existencia, el esfuerzo entero se vuelve ilógico, inútil. Buda afirmó que el esfuerzo debe hacerse... y tú no estarás allí. Será sólo la nada. El concepto es más místico.

Cuando hablas de personas que experimentan una regresión, ¿te refieres acaso a una regresión en comparación a alguna imagen creada por la sociedad respecto a lo que es socialmente aceptable?

No una imagen. Algo diferente. Cuando digo que actúan como niños, me refiero a que no se están desarrollando. Regresan, vuelven atrás. No tengo ninguna imagen de algo a lo cual debieran adaptarse. Tengo un concepto del crecimiento, no una imagen que perseguir. De ninguna forma deseo que las personas se ajusten a alguna imagen. Lo que estoy diciendo es que están regresando hacia el pasado, y no creciendo hacia el futuro. No tengo imagen alguna del modo como deseo que el árbol crezca. Pero debe crecer, y no regresar. Es un asunto de crecimiento o de regresión, no de alguna imagen en particular.

En segundo lugar, al decir que experimentan una regresión, me refiero a que reaccionan en contra de una sociedad demasiado racional. Su reacción los conduce al otro extremo. Contiene la misma falacia. La razón debe ser absorbida y no dejada a un lado. Si la dejas a un lado, cometerás el mismo error que cometiste al apartar la irracionalidad.

La era victoriana creó un hombre que era sólo una fachada, una máscara. Interiormente no era un ser vivo. Era un patrón de conducta, un patrón de modales. Más un rostro que un ser. Esto fue posible al elegir la razón como criterio para todo. Lo irracional, lo anárquico, lo caótico fue apartado, reprimido. Ahora que el lado anárquico se está tomando venganza, puede hacer dos cosas: destruir o crear.

Si es destructivo, será regresivo. Tomará venganza de la misma manera: negando. Negará la parte racional. Te vuelves entonces como un niño, inmaduro. Vuelves atrás. Si el lado anárquico es creativo, no deberá cometer el mismo error. Deberá absorber a la razón junto con lo irracional. Entonces, el ser entero se desarrollará. No crece ni el que ha negado lo irracional ni el que ha negado lo racional. No puedes crecer a menos que lo hagas en forma global. Estoy hablando del crecimiento. No tengo ninguna imagen del producto final que este deba entregar.

Muchos de los problemas de la mente occidental, ¿no son acaso resultado del concepto de pecado y culpa del cristianismo?

Sí, esto ocurre inevitablemente. El concepto de pecado produce una conciencia muy diferente en su derredor. Este concepto falta en la mente oriental. Más bien, lo sustituye el concepto de ignorancia. En la conciencia oriental, la raíz de todo mal es la ignorancia, no el pecado. El mal aparece debido a tu ignorancia. Así, el problema no es la culpa, sino la disciplina. Debes saber más, estar más alerta. En Oriente, el conocimiento es transformación, y la meditación es el instrumento para lograr esa transformación.

Con el cristianismo, el pecado se transformó en el centro. Y no es sólo tu pecado. Es el pecado original de la humanidad. Estás agobiado por un concepto de pecado. Esto produce culpa, tensión. Es por esto que el cristianismo no desarrolló técnicas de meditación. Sólo desarrolló plegarias. ¿Qué puedes hacer para luchar en contra del pecado? ¡Puedes ser virtuoso y piadoso!

No existe nada similar a los Diez Mandamientos en el Oriente. No encontrarán allí un concepto excesivamente moral. Así que los problemas en el Oriente son diferentes de los del Occidente. El problema que tienen los occidentales es la culpa. La culpa surge de lo más profundo de ellos mismos. Incluso aquellos que se han rebelado se sienten culpables. Es un problema psicológico que guarda relación más con la mente que con el ser.

Primero se les debe aliviar de su culpa. Por eso Occidente tuvo que desarrollar el psicoanálisis y la confesión. Estas técnicas no se desarrollaron en Oriente, pues allí no eran necesarias. En Occidente debes confesar. Sólo entonces puedes librarte de la culpa que te afecta en lo más profundo. O bien, debes someterte al psicoanálisis para arrojar la culpa fuera. Pero nunca te desharás de ella en forma permanente, pues el concepto de pecado permanece. La culpa se acumulará nuevamente. Así que el psicoanálisis y la confesión sólo pueden ser una ayuda temporal. Debes confesarte una y otra vez. Son sólo ayudas temporales frente a algo que ha sido aceptado. La raíz de la enfermedad —el concepto de pecado— ha sido aceptado.

En Oriente el problema no es de tipo psicológico. Es un problema de ser. No es asunto de salud mental. Más bien, se trata del crecimiento espiritual. Debes crecer espiritualmente, debes estar más consciente de las cosas. No debes cambiar tu conducta, sino que tu conciencia. Al cambiar la conciencia, la conducta cambiará.

Al cristianismo le interesa más tu conducta. Sin embargo, la conducta es sólo periférica. No se trata de lo que hagas, se trata de lo que eres. Si cambias una y otra vez lo que haces, no alteras nada, en realidad. Sigues siendo el mismo. Puedes ser un santo por fuera y seguir siendo el mismo por dentro.

El problema de los que vienen de Occidente reside en la culpa que sufren respecto a su conducta. Debo luchar con ellos sólo para que se den cuenta de su problema más profundo, que pertenece al ámbito del ser, no al de la psique.

El budismo y el jainismo también han producido culpa. No el mismo tipo de culpa, sino que otra forma de ella. Los seguidores de Mahavira, en especial, han creado un sentimiento muy profundo de inferioridad. La culpa en el sentido cristiano no está presente, pues no se habla de pecado; sin embargo, hay una sensación profunda de que uno es inferior, a menos de que logre trascender ciertas cosas. Esta profunda inferioridad produce el mismo tipo de efecto, que la culpa.

Los jains tampoco han creado técnicas meditativas. Sólo han creado diversas fórmulas: «Haz esto», «Haz lo otro», «No hagas esto». Todo está centrado en torno a la conducta. Un monje jain es ideal, al menos en lo que se refiere a su conducta; sin embargo, en lo que se refiere a su ser interno, es muy pobre. Se comporta como un monigote. Es ése el porqué el jainismo se ha transformado en una cosa muerta.

El budismo no se encuentra muerto de la misma forma, porque allí existe un énfasis diferente. La parte ética del budismo es sólo una consecuencia de la parte meditativa. De modificar la conducta, será sólo como una ayuda a la meditación. En sí, no tiene significado alguno. En el cristianismo y el jainismo, tiene significado por sí sola. Si haces el bien, eres bueno. No es así para el budismo. Debes transformarte por dentro. Hacer el bien puede ser de ayuda, puede formar parte, pero la meditación es lo principal.

Así pues, de los tres, sólo los budistas han desarrollado la meditación profunda. En el budismo cualquier otra cosa es sólo una ayuda: no es lo central. Puedes incluso desecharlo. Si puedes meditar sin ninguna otra ayuda, puedes dejar al resto de lado.

Pero el hinduismo es aún más profundo. Por eso el hinduismo pudo desarrollarse en dimensiones tan diferentes, como el tantra. Aun aquello que llamas pecado puede ser utilizado por el tantra. El hinduismo es, en cierto modo, muy sano. Pero, por supuesto, caótico. Todo aquello que es sano será necesariamente caótico, no puede ser sistematizado.

Para más información

Para más información acerca de Osho, la meditación y
el OSHO International Meditation Resort, visita:

www.OSHO.com

Facebook.com/Oshointernational

YouTube/OSHOInternational

Si quieres acceder a las OSHO Talks originales en inglés
visita: *https://www.audible.com/author/Osho/*

Acerca del autor

Osho desafía cualquier intento de clasificación. Sus miles de charlas abarcan desde la búsqueda individual de sentido, hasta los problemas sociales y políticos más urgentes de la sociedad actual. Los libros de Osho no fueron escritos, sino transcritos a partir de grabaciones de audio y video de sus charlas espontáneas ante audiencias internacionales. Como él mismo dice: «Recuerda: lo que estoy diciendo no es sólo para ti... también hablo para las generaciones futuras».

El *Sunday Times* de Londres lo ha descrito como uno de los «1000 creadores del siglo XX», y el escritor estadounidense Tom Robbins lo llamó «el hombre más peligroso desde Jesucristo». El *Sunday Mid-Day* (India) lo incluyó entre las diez personas —junto con Gandhi, Nehru y Buda— que han cambiado el destino de India.

Sobre su propia obra, Osho afirmó que está ayudando a crear las condiciones para el nacimiento de un nuevo tipo de ser humano. A este nuevo ser lo describe a menudo como «Zorba, el Buda»: capaz de disfrutar tanto de los placeres terrenales de un Zorba, el griego, como de la serenidad silenciosa de un Gautama, el Buda. El hilo conductor de todas sus charlas y meditaciones es una visión que integra tanto la sabiduría intemporal de todas las épocas pasadas, como el máximo potencial de la ciencia y la tecnología actuales (y futuras).

Osho es reconocido por su contribución revolucionaria a la ciencia de la transformación interior, con un enfoque de la meditación que toma en cuenta el ritmo acelerado de la vida contemporánea. Sus exclusivas OSHO Active Meditations® están diseñadas primero para liberar las tensiones acumuladas en el cuerpo y la mente, de modo que luego sea más sencillo experimentar la quietud y la relajación sin pensamientos en la vida diaria.

Está disponible en español una obra autobiográfica del autor:

Autobiografía de un místico espiritualmente incorrecto, de Editorial Kairós.

Acerca del Osho International Meditation Resort

Ubicación:

Situado a 100 millas al sureste de Mumbai, en la próspera y moderna ciudad de Pune, India, el OSHO International Meditation Resort es un destino vacacional diferente. El Resort de Meditación se extiende sobre 28 acres de espectaculares jardines en una hermosa zona residencial arbolada.

Meditaciones OSHO

Un programa diario completo de meditaciones para todo tipo de personas incluye tanto métodos tradicionales, como revolucionarios, en particular las OSHO Active Meditations®. Las meditaciones se llevan a cabo en lo que podría ser el salón de meditación más grande del mundo: el Auditorio OSHO.

OSHO Multiversity

Sesiones individuales, cursos y talleres abarcan desde artes creativas hasta salud holística, transformación personal, relaciones y transiciones de vida, la integración de la meditación como estilo de vida en lo personal y lo laboral, ciencias esotéricas, y el enfoque «Zen» para el deporte y la recreación.

El secreto del éxito de la OSHO Multiversity radica en que todos sus programas se combinan con la meditación, apoyando la comprensión de que, como seres humanos, somos mucho más que la suma de nuestras partes.

Gastronomía

Diversos espacios ofrecen deliciosa comida vegetariana occidental, asiática e india —la mayoría cultivada de manera orgánica especialmente para el resort. Panes y pasteles se hornean en la propia panadería del lugar.

Vida nocturna

Cada noche hay múltiples actividades para elegir —¡el baile ocupa el primer lugar! Otras opciones incluyen meditaciones de luna llena bajo las estrellas, espectáculos variados, presentaciones musicales y meditaciones aplicadas a la vida diaria.

También puedes simplemente disfrutar de encuentros en el Plaza Café, o pasear en la serenidad nocturna de los jardines de este entorno de cuento de hadas.

Instalaciones

En la Galería puedes adquirir todos los productos básicos y artículos de tocador. La OSHO Multimedia Gallery ofrece una amplia gama de productos multimedia de OSHO. Además, el campus cuenta con banco, agencia de viajes y un Cyber Café. Para quienes disfrutan de las compras, Pune ofrece de todo: desde productos tradicionales y artesanales de India hasta las principales marcas internacionales.

Alojamiento

Puedes optar por hospedarte en las elegantes habitaciones de la OSHO Guesthouse, o bien, para estancias más largas en el campus, elegir uno de los programas OSHO Living-In. Además, hay una amplia variedad de hoteles y apartamentos con servicios en las cercanías.

www.osho.com/meditationresort

www.osho.com/guesthouse

www.osho.com/livingin

Para más información:

WWW.OSHO.com

Un sitio web multilingüe y completo que incluye una revista, libros de OSHO, charlas de OSHO en formatos de audio y video, el archivo textual de la Biblioteca OSHO en inglés e hindi, así como amplia información sobre las Meditaciones OSHO.

También encontrarás el calendario de programas de la OSHO Multiversity y detalles sobre el OSHO International Meditation Resort.

Sitios web:
       www.OSHO.com/AllAboutOSHO
       www.OSHOtimes.com
       www.Facebook.com/OSHO.international
       www.YouTube.com/OSHOinternational
       www.Twitter.com/OSHO
       www.Instagram.com/OSHOinternational

Para contactar con OSHO International Foundation:
       www.osho.com/oshointernational
       oshointernational@oshointernational.com